金陵全書

乙編・史料類

洪武聖政記　（明）宋濂 撰

渤泥入貢記　（明）宋濂 撰

東朝紀　（明）王泌 撰

遜國正氣紀　（明）曹參芳 撰

翦勝野聞　（明）徐禎卿 撰

南京出版傳媒集團
南京出版社

圖書在版編目（CIP）數據

洪武聖政記／（明）宋濂撰. 渤泥入貢記／（明）宋濂撰. 東朝紀／（明）王泌撰.--南京：南京出版社，2013.10

（金陵全書）

本書與“遜國正氣紀／（明）曹參芳撰·翦勝野聞／（明）徐禎卿撰”合訂

ISBN 978-7-5533-0320-8

Ⅰ. ①洪… ②渤… ③東… Ⅱ. ①宋… ②王… Ⅲ. ①中國歷史—史料—明代 Ⅳ. ①K248.06

中國版本圖書館CIP數據核字（2013）第180848號

書　　名　【金陵全書】（乙編·史料類）
　　　　　洪武聖政記·渤泥入貢記·東朝紀·遜國正氣紀·翦勝野聞

編 著 者　（明）宋　濂　撰　（明）宋　濂　撰　（明）王　泌　撰
　　　　　（明）曹參芳　撰　（明）徐禎卿　撰

出版發行　南京出版傳媒集團
　　　　　南　京　出　版　社
　　　　　社址：南京市老虎橋18-1號　郵編：210018
　　　　　網址：http://www.njcbs.com　淘寶網店：http://njpress.taobao.com
　　　　　電子信箱：njcbs1988@163.com
　　　　　聯系電話：025-83283871、83283864（營銷）　025-83283883（編務）

出 版 人　朱同芳
責任編輯　林莉萍　潘　珂
裝幀設計　楊曉崗
責任印製　楊福彬

製　　版　南京新華豐製版有限公司
印　　刷　南京凱德印刷有限公司
開　　本　889×1194毫米　1/16
印　　張　39.25
版　　次　2013年11月第1版
印　　次　2013年11月第1次印刷
書　　號　ISBN 978-7-5533-0320-8
定　　價　1300.00元

總序

南京，俗稱金陵，中國著名的四大古都之一，是國務院首批公佈的國家歷史文化名城。

南京有着六十萬年的人類活動史，近二千五百年的建城史，約四百五十年的建都史，享有『六朝古都』『十朝都會』的美譽。南京歷史的興衰起伏在某種程度上可以説是中國歷史的一個縮影。在中華民族光輝燦爛的歷史長河中，古聖先賢在南京創造了舉世矚目、富有特色的六朝文化、南唐文化、明文化和民國文化，爲中華民族文化的傳承和發展作出了不朽貢獻。然而，由於時代的遞遷、戰争的破壞以及自然的損毁等原因，歷史上南京的輝煌成就以物質文化形態留存下來的相對較少，見諸文獻典籍的則相對較多。南京文獻内涵廣博，卷帙浩繁，版本複雜。截至一九四九年中華人民共和國成立，南京文獻留存下來的有近萬種，在全國歷史文化名城中名列前茅。以六朝《世説新語》《文心雕龍》《昭明文選》，唐朝《建康實録》，宋朝《景定建康志》《六朝事迹編類》，元朝《至正金陵新志》，明朝《洪武京城圖志》《金陵古今圖考》《客座贅語》，清朝《康熙江寧府志》《白下瑣言》，民國《首都計劃》《首都志》《金陵古蹟圖考》等爲代表的南京地方文獻，不僅是南京文化的集中體現，也是中華民族優秀傳統文化的重要組成部分。這些南京文獻，積澱貯存了歷代南京人民的經驗和智慧，翔實地反映了南京地區的社會變遷，是研究南京乃至全國政治、經濟、軍事、文化、外交和民風民俗的重要資料。

歷史上的南京文化輝煌燦爛，各類圖書典籍琳琅滿目。迄今爲止，南京文獻曾經有過三次不同程度的整理。

第一次是距今六百多年前的明朝永樂年間，明朝中央政府在南京組織整理出版了《永樂大典》。《永樂大典》正文二萬二千八百七十七卷，凡例和目録六十卷，分裝成一萬一千零九十五册，總字數約三億七千萬字。書中保存了中國上自先秦、下迄明初的各種典籍資料達七八千種，是中國古代最大的類書。

第二次是民國年間，南京通志館編印了一套《南京文獻》。《南京文獻》每月一期，從一九四七年元月至一九四九年二月共刊行了二十六期，收入南京地方文獻六十七種，包括元明清到民國各個時期的著作，其中收録的部分民國文獻今天已經成爲絶版。

第三次是二〇〇六年以來，南京出版社選取部分南京珍貴文獻，整理出版了一套《南京稀見文獻叢刊》點校本，到二〇一三年初，已經出版了三十六册七十一種，時代上起六朝，下迄民國，在學術普及方面作出了一定的貢獻。

新中國成立六十年來，尤其是改革開放三十年來，南京的政治、經濟、文化建設飛速發展，但南京文獻的全面系統整理出版工作一直没有得到應有的重視，這與南京這座國家歷史文化名城的地位頗不相稱。據調查，目前有關南京的各類文獻主要保存在南京圖書館、南京市檔案館，以及全國各地的高等院校、科研院所、圖書館、檔案館、博物館，少數流散於民間和國外。一方面，廣大讀者要查閲這些收藏在全國各地的南京文獻殊爲不便；另一方面，許多珍貴的南京文獻隨着歲月的流逝而瀕臨損毁和失傳。南京文獻的存史、資治、教化、育人功能没有得到應有的發揮。

盛世修史（志）。在中華民族和平崛起和大力弘揚民族傳統文化、全力發展民族文化事業的大背景下，在建設『文化南京』的發展思路下，中共南京市委、南京市人民政府於二〇〇九年十二月作出决定，將南京有史以來的地方文獻進行全面系統的匯集、整理和影印出版，輯爲《金陵全書》（以下簡稱《全書》），以更好地搶救和保護鄉邦文獻，傳承民族文化，推動學術研究，促進南京文化建設；同時，也更爲有効地增加南京文獻存世途徑，提昇南京文獻地位，凸顯南京文獻價值。

爲編纂出能够代表當代最高學術水平和科技成就，又經得起時間檢驗的《全書》，我們將編纂工作分成三個階段進行。第一個階段爲調研階段，主要對南京現存文獻的種類、數量、保存現狀以及收藏地點等進行深入細緻的調研，召集專家學者多次進行學術論證和可操作性論證，撰寫出可行性調查報告，爲科學決策提供依據，此項工作主要由中共南京市委宣傳部和南京出版社組織完成。第二個階段爲啓動階段，以二〇〇九年十二月二十四日召開的『《金陵全書》編纂啓動工作會』爲標志，市委主要領導親自到會動員講話，市委宣傳部對《全書》的編纂出版工作作了明確部署。在廣泛徵求專家學者意見的基礎上，確定了《全書》的總體框架設計，確定了將《全書》列爲市委宣傳部每年要實施的重大文化工程，確定了主要參編責任單位和責任人，並分解了任務。第三個階段爲編纂出版階段，主要在全國範圍内進行資料的徵集、遴選和圖書的版式設計、複製、排版及印製工作。

爲了確保《全書》編纂出版工作的順利進行，中共南京市委、南京市人民政府成立了專門的編纂出版組織機構。其中編輯工作領導小組，由中共南京市委、市政府領導以及相關成員單位主要負責人組成；《全書》的編纂出版工作由市委宣傳部總牽頭；學術指導委員會，由蔣贊初、茅家琦、梁白泉等一批全國著名的專家學者組成，負責《全書》的學術審核和把關。

《全書》分爲方志、史料和檔案三大類。自二〇一〇年起，計劃每年出版四十册左右。鑒於《全書》的整理出版工作難度較大，周期較長，在具體操作中，我們採取了分工協作的方式。市委宣傳部和南京出版社負責《全書》的總體策劃，其中方志部分，主要由南京市地方志編纂委員會辦公室和南京出版傳媒集團·南京出版社共同承擔；史料部分，主要由南京圖書館承擔；檔案部分，主要由南京市檔案局（館）承擔。《全書》的編輯出版，得到了江蘇省文化廳、江蘇省新聞出版局、江蘇省檔案局（館）、南京大學、南京圖書館、南京市文廣新局、南京市社科聯（社科院）、南京市文聯、金陵圖書館以及各區委宣傳部和地方志辦公室等單位及社會各界的熱情鼓勵和大力支持，尤其是得到了中國國家圖書館和全國各地（包括港臺地區）高等院校、科研院所、圖書館、檔案館、博物館等藏書單位的鼎力相助，在此表示深深的謝意！

我們相信，在中共南京市委、南京市人民政府的長期不懈支持下，在各部門、各單位的積極配合和衆多專家學者的共同努力下，這項功在當代、利在千秋的傳世工程一定能够圓滿完成。

《金陵全書》編輯出版委員會

凡例

一、《金陵全書》（以下簡稱《全書》）收録的南京文獻，依内容分爲方志、史料和檔案三大類。

二、《全書》按上述三大類分爲甲、乙、丙三編，以不同的封面顔色加以區分；每編酌分細類，原則上以成書時代爲序分爲若幹册，依次編列序號。

三、《全書》收録南京文獻的範圍，以二〇一三年南京市所轄十一區，即玄武、秦淮、建鄴、鼓樓、浦口、六合、棲霞、雨花臺、江寧、溧水和高淳爲限。

四、《全書》收録的南京文獻，其成書年代的下限爲一九四九年。

五、《全書》收録方志和史料，盡量選用善本爲底本。《全書》收録的檔案以學術價值和實用價值較高爲原則，一般選用延續時間較長、相對比較完整的檔案全宗。

六、《全書》收録的南京文獻底本如有殘缺、漫漶不清等情況，必要時予以配補、抽換或修描，以保證全書完整清晰；稿本、鈔本、批校本的修改、批注文字等均保留原貌。

七、《全書》收録的南京文獻，每種均撰寫提要，置於該文獻前，以便讀者了解其作者生平、主要内容、學術文化價值、編纂過程、版本源流、底本採用等情況。

八、《全書》所收文獻篇幅較大時，分爲序號相連的若幹册；篇幅較小的文獻，則將數種合編爲一册。

九、《全書》統一版式設計，大部分文獻原大影印；對於少數原版面過大或過小的文獻，適當進行縮小或放大處理，並加以説明。

十、《全書》各册除保留文獻原有頁碼外，均新編頁碼，每册頁碼自爲起訖。

總目録

洪武聖政記……〇〇一
渤泥入貢記……〇五三
東朝紀……〇六七
遜國正氣紀……〇八三
翦勝野聞……五八三

金陵全書

乙編·史料類

洪武聖政記

(明)宋濂 撰

南京出版社
南京出版傳媒集團

提要

《洪武聖政記》一卷，明宋濂撰。

宋濂（一三一〇—一三八一），明朝開國元勛。字景濂，號潛溪，别號玄真子、玄真道士、玄真遁叟。祖籍浙江金華潛溪，到宋濂時，因戰亂遷居浦江（今浙江金華浦江）。宋濂家境貧寒，自幼好學，英敏强記，曾受業于夢吉、吴萊、柳貫、黄溍。元順帝至正年間（一三四一—一三六八），薦授翰林編修，他以奉養父母爲由，辭不應召，入龍門山著書。朱元璋攻占婺源，召見宋濂，尊爲『五經』師。至正二十年（一三六〇），經李善長推薦，與劉基、章溢、葉琛同受朱元璋禮聘至應天（今江蘇南京），被任命爲江南儒學提舉，爲太子朱標講經。洪武二年（一三六九），奉命主修《元史》。累官至翰林院學士、國子司業、禮部主事、贊善大夫、侍講學士、中順大夫、翰林院學士承旨，知制誥。洪武十年（一三七七），以年老辭官還鄉。洪武十三年（一三八〇），因其長孫宋慎卷入『胡惟庸案』，全家被流放茂州（治所在今四川茂汶），途中病死于夔州（治所在今重慶奉節）。明武宗正德年間（一五

○六—一五二一），追謚『文憲』。

宋濂爲人誠實謹慎，在我國古代文學史上，他與劉基、高啓并列爲明初詩文三大家。《明史》卷一百二十八《宋濂傳》稱：『自少至老，未嘗一日去書卷，于學無所不通。爲文醇深演迤，與古作者并。在朝，郊社宗廟山川百神之典，朝會燕享律歷衣冠之制，四裔貢賦賞勞之儀，旁及元勛巨卿碑記刻石之辭，咸以委濂，屢推爲開國文臣之首。士大夫造門乞文者，後先相踵。外國貢使亦知其名，數問宋先生起居無恙否。高麗、安南、日本至出兼金購文集。四方學者悉稱爲「太史公」不以姓氏。』《明史》卷一百二十八《劉基傳》稱劉基『所爲文章，氣昌而奇，與宋濂并爲一代之宗』。代表作有《閱江樓記》《游鍾山記》《送東陽馬生序》《孝經新説》《潛溪集》《浦陽人物記》《蘿山集》《龍門子凝道記》《翰苑集》《芝園集》《朝京稿》等，後人刻有《宋學士文集》《文憲集》《宋文憲集》《宋學士全集》等。

《洪武聖政記》，顧名思義，是一部記載明太祖朱元璋執政思想、理念的政論性史書。成書于明朝洪武年間，由宋濂與僚屬根據朱元璋的諭旨、講話，以及有關部門的上奏文書、有關官員與朱元璋的對話編輯而成。經宋濂上奏給朱元璋閱後刊行于世。宋濂《〈洪武聖政記〉序》云：『臣備位詞林，以文字爲職業，親見盛德大業日新月著，于是與僚屬謀，取其有關政要者編集成書，列爲上下卷，凡七類，合若幹條，名曰《洪武聖政記》……臣不佞，請以是序于篇端，極知僭逾無任隕越之至。』

該書體例，《四庫全書總目·史部·雜史類存目》『《洪武聖政記》』條云：『是書略仿《貞觀政要》之例，標題分記。』揆諸《貞觀政要》，共分爲十卷四十類，而《洪武聖政記》在類下設子目，兩者體例的差别顯而易見。

《洪武聖政記》全書分《嚴祀事第一》《正大本第二》《昭大分第三》《肅軍政第四》《絶幸位第五》《定民志第六》《新舊俗第七》七類，在《新舊俗第七》之下，又分《申禁令》《核實效》《育人才》《優前代》《正禮樂之失》《去海岳之封》《嚴宫闈之法》《厲忠節之訓》《刬積歲之弊》九子目。《嚴祀事第一》記載朱元璋敬重天地百神，明王朝建立後，下令有司制定郊廟與百神祀典。《正大本第二》記載朱元璋登基後，立長子朱標爲皇太子，派專人輔佐。《昭大分第三》記載明朝建國後，分封諸王，分鎮諸國；論功行賞，大封功臣。《肅軍政第四》記載明朝設立軍衛法，自京師達于郡縣，皆立軍衛，以五千六百名爲一衛，一千一百二十名爲一千户所，其權一出于朝廷，而爲將者不得擅調。《絶幸位第五》記載朝廷和地方官有定制，裁汰冗員，選賢任能。《定民志第六》記載官民房捨、服色等級有別。《新舊俗第七》之下的《申禁令》《核實效》《育人才》《優前代》《正禮樂之失》《去海岳之封》《嚴宫闈之法》《厲忠節之訓》《刬積歲之弊》九個子目分别記載了明朝政權新修律法，强調樸實文風，重視人才培養，優待元朝人士，制定禮樂，廢除五岳、五鎮、四海、四瀆之封，嚴肅宫禁之法，建廟畫像祭祀歷代功臣，制定官民喪服之制，革除元代繁苛律法等内容。

據宋濂《〈洪武聖政記〉序》云，該書分爲上下兩卷。《四庫全書總目·史部·雜史類存目》『《洪武聖政記》二卷（户部尚書王際華家藏本），明宋濂撰。』香港中文大學中文系許振興先生根據清朝後期胡鳳丹（一八二三—一八九〇）輯《金華叢書》本《洪武聖政記》考證：《嚴祀事》《正大本》《昭大分》《肅軍政》四類爲上卷；《絶幸位》《定民志》《新舊俗》三類爲下卷（《〈四庫全書總目〉『〈洪武聖政記〉』條考誤》，《古籍整理研究學刊》二〇〇六年三月第二期）。《洪武聖政記》由于篇幅短小，後人在刊刻時，往往將上下兩卷合爲一卷。

《洪武聖政記》的内容，大多被《明太祖實録》采用。它先後被收入明朝嘉靖年間刊刻的《明良集》和《金聲玉振集》，清朝嘉慶年間刊刻的《借月山房匯鈔》、同治年間刊刻的《金華叢書》道光年間刊刻的《指海》等叢書中。現以南京圖書館藏明朝嘉靖二十九年至三十年（一五五〇—一五五一）袁氏嘉趣堂《金聲玉振集》刻本爲底本原大影印。

朱明娥

洪武聖政記序（金聲玉振集）（考文）

自古帝王創業垂統方有事乎征伐而於彌綸天下之治其勢或未遑及其大統既集亦不過振厥宏綱而萬目未盡舉焉如漢之高帝得國最正雖曰算無遺策而施之政令猶乏精詳故史臣賛之亦但云規模弘遠而已夫以高帝之雄傑尚如此則其餘從可知矣洪惟

皇上以布衣受天命蓋與高帝同雖當開拓土疆之際停戈講藝息馬論道夜以繼日無一時之寧迨夫正天位朝萬國孳孳圖治恒若不足

於是綱舉於上目備於下誠有非高帝所可及是故郊廟以及百神之祭禮文咸秩則祀事嚴矣御極之日即立儲位以正青宫則大本定矣衆建諸王列封功臣則大分昭矣兵戎之衆自京師逹於郡縣率皆設衛其權一出于朝廷而爲將者不得私則軍政肅矣中外官有定制一華冗濫之弊而倖位絶矣冠服有别防範有嚴而民志自定無僭侈矣他如申禁令覈實效育人材優前代正禮樂之失去海嶽之封嚴宫闈之法勵忠節之訓剗積歲之弊如斯之類不一

而足或前王之所未行或行之有未至者皆煥然有條可以垂法後世此其故何哉蓋自近代以來習俗圮壞殆將百年而天生大有爲之君首出庶物一新舊染之俗與民更始是故睿思所斷動契典則度越千古咸無與讓此正所謂錫勇智而正萬邦也臣備位詞林以文字爲職業親見盛德大業日新月著於是與僚屬謀取其有關政要者編集成書列爲上下卷凡七類合若干條名曰洪武聖政記然而天之高明也萬物莫不覆焉地之博厚也萬物莫不載焉聖

人之作也萬物咸忻覩焉故凡金科之頒玉條之列著之于簡書刻之於琬琰傳之于聖子神孫者將與天地相爲無窮書曰惟天聰明惟聖時憲詩曰詒厥孫謀以燕翼子此之謂矣其所以致四海雍熙之治比隆於唐虞三代者豈不在於茲乎臣不佞請以是序于篇端極知僭踰無任隕越之至

翰林院侍講學士中順大夫知制誥同修

國史兼太子賛善大夫臣宋濂謹序

洪武聖政記

臣　宋濂

嚴祀事第一

洪武元年春正月乙亥　上以文武大臣百司衆庶合辭勸進尊爲皇帝以主黔黎勉徇輿情廼祭告天地于鍾山之陽其文曰維我中國人民之君自宋運告終帝命真人於沙漠入中國爲天下主其君父子及孫百有餘年今運亦終天下土地人民豪傑紛爭惟臣帝賜英賢李善長徐達等爲臣之輔遂能勘定釆石水寨蠻子

海牙方山陸寨陳也先袁州歐祥江州陳友諒潭州王忠信新淦鄧明龍泉彭時中荊州江珏濠州孫德崖廬州左君弼安豐劉福通贛州熊天瑞辰州周文貴永新周安萍鄉易華平江王世明沅州李勝蘇州張士誠慶元方國珍沂州王宣益都老保等處休兵息民於田里今地周廻二萬里廣諸臣下皆曰恐民無主必欲推尊帝號臣不敢辭亦不敢不告上帝皇祇是用吳二年正月四日於鍾山之陽設壇備儀昭告上帝皇祇簡在帝心遂即皇帝位于南郊定有天

下之號曰大明以吴二年爲洪武元年是月恭詣太廟追尊四代考妣爲皇帝皇后立大社大稷於京師布告天下乃命中書省禮部定議郊廟及百神祀典制曰朕思天地造化能生萬物而不言故命人君代理之前代不察聽人民祀天地祈禱無所不至普天之下民庶繁多一日之間祈天者不知其幾瀆禮犯分莫大於斯古者天子祭天地諸侯祭山川大夫士庶各有所宜祭其上下合祭之神禮部其定議頒降違者罪之於是省部定奏天子親祀圜丘方丘宗廟

社稷若京師三皇孔子及風雲雷雨五嶽四瀆
聖帝明王忠臣烈士先賢等祀則遣官致祭郡
縣宜立社稷有司春秋致祭庶人祭祖父母父
母及里社土穀之神并得祀竈載諸祀典其僧
道建齋設醮不許奏章上表投拜青詞及塑畫
天地神祇與凡扶鸞禱聖書符呪水諸術並加
禁止庶幾左道不興民無惑志詔從之又命禮
部諭有司謹祭祀略曰上古君天下者設官分
職各守方隅爵及五等公侯伯子男居之是五
等有巨微皆稱曰國所以動止首以祀戎爲先

自秦漢以下官雖異古其祭禮則不殊邇來天下有司既無誠以奉該祀之神其於人事又何懼焉蓋儒者在任不明於理或狃俗者居官亦不訪于賢是故事多非爲不能長保富貴也若有志者居官必訪於賢者乃知祀禮之大必敬勝怠則事業昌矣若或不能窮其所以則怠勝敬其不滅者鮮矣朕思之人在世也若不畏神人是不可教者也世之所以成世者淮人與神耳豈可慢耶爾禮部遍告諸司如勑四年秋七月辛亥存心録成上覽之謂諸儒臣曰朕觀歷

代賢君事神之道罔不祗肅故百靈效祉休徵類應及乎衰世之君罔知攸敬違天慢神非惟感召災譴國家禍亂亦由是而致朕爲是懼每臨祭必誠必敬惟恐未至故命卿等編此書欲示鑒戒夫水可以鑒形古可以鑒今是編所爲善惡豈以行之於今將俾子孫永爲守法

又諭李善長等曰人之一心極難點檢朕起兵後年二十七八血氣方剛軍士日衆若不自省察任情行事誰能禁我因思心爲身之主帥若一事不合理則百事皆廢所以常自點檢此心

與身如兩敵然時時自相爭戰凡諸事爲必求至當以此號令得行肇成大業今每遇祭祀齊戒整心志對越神明而此心不能不爲事物所動檢持甚難蓋防閑此身使不妄動則自信已能若防閑此心使不妄動尚難能也善長等皆頓首曰陛下此言乃聖賢治心之要心旣治天下無難治矣

正大本第二

上旣御極即立長子爲皇太子正位東宮以定大本戒之曰天子之子與公卿士庶人之子不

同公卿士庶人之子係一家之盛衰天子之子係天下之安危爾承土器之重將有天下之責也公卿士庶人不能修身齊家取敗止於一身若天子不能正身修德其敗豈但一身一家之比將宗廟社稷有所不保天下生靈皆受其殃可不懼哉可不戒哉禮部尚書陶凱請選人專任東宫官屬罷兼領之職庶於輔導有所責成

上曰古者官不必備惟賢能是用朕以廷臣有才望勳德者兼東宫官非無謂也嘗慮廷臣與東宫官屬有不相能遂成嫌隙或生奸謀離間

骨肉其禍非細若江充之事可爲明鑑朕今立法令臺省都督府官兼東宮官贊輔之父子一體君臣一心庶幾無相構之患也乃命詹同取東宮官制觀之謂同等曰朕今立東宮官取廷臣勳德老成者兼其職老成舊人動有典則若新進賢者亦選擇參用夫舉賢任才立國之本崇德尚齒尊賢之道輔導得賢人各盡職故連抱之木必以授良匠萬金之璧不以付拙工同對曰陛下立法垂憲之意實深遠矣於是以李善長等皆兼東宮官廼諭善長等曰朕於東宮

官不別設府僚而以卿等兼之者蓋軍旅未息朕若有事於外必留太子監國若設府僚卿等在內事當啓聞太子或有聽斷不明而與卿等意見不合卿等必謂府僚導之嫌疑由是而生朕所以特置賓客諭德等官以輔成太子德性且選名儒爲之賓友昔周公教成王告以克詰戎兵召公教康王告以張皇六師此居安慮危不忘武備蓋繼世之君生長富驕溺於安逸多忽於軍旅之事一有緩急罔知所措二公所言不可忘也劉基陶安言於上曰適闈中書欲做

元制設中書令奏以太子爲之上曰取法於古必擇其善者而從之苟爲不善而一槩是從將欲望治譬猶登高岡而卻步渡長江而回楫豈能達哉元氏胡人事不師古設官不以任賢惟其類是與名不足以副實行不足以服衆豈可取法且吾子年未長學未充更事未多所宜尊禮師傅講習經傳博通古今識達機宜他日軍國重務皆令啓聞何必效彼作中書令乎

昭大分第三

三年夏四月辛酉以封建諸王告廟禮畢賜宴

廷臣上曰昔元失其馭羣雄並起四方鼎沸民遭塗炭朕躬率師以靖大難皇天眷佑海宇寧謐然治天下之道必建藩屏上衛國家下安生民今諸子既長宜各有封爵分鎮諸國朕非私其親遹遵古先哲王之制爲久安長治之道羣臣稽首對曰封建諸王以衛宗社天下萬世之公議也遂詔天下曰朕荷天地百神之靈祖宗之德起自布衣艱難創業惟時將帥用命遂致十有六年混一四海功成治定以膺正統考諸古昔帝王既有天下子居嫡長者必正位儲貳

其衆子則皆分茅胙土封以王爵蓋明長幼之分固内外之勢朕今有子十人前歲巳立長子標爲皇長子爰以今歲四月七日封第二子樉爲秦王第三子棡爲晉王第四子棣爲燕王第五子橚爲周王第六子楨爲楚王第七子榑爲齊王第八子梓爲潭王第九子杞爲蜀王第十子檀爲魯王姪孫守謙爲靖江王皆授以冊寳設置相傅官屬凡諸典禮巳有定制嗚呼衆建藩府所以廣磐石之安大封土疆所以眷親支之厚古今通義朕何敢私尚賴中外臣隣相與

維持弼成政化是歲冬十一月丙申大封功臣
命大都督府兵部錄上諸將功績吏部定勳爵
戶部備賞物禮部定禮儀翰林院撰制誥以封
功臣次日上御奉天殿皇太子親王侍丞相率
文武百官列於丹陛左右上召諸將諭之曰
汝等其聽朕今日定封行賞非出己私皆倣古
先帝王之典籌之二年以征討未暇故至今日
思昔創業之初天下擾亂羣雄並起當時有心
於建功立業者往往無法以馭下故皆無成朕
本無意天下今日成此大業有非人力之所致

是皆天地神明之眷佑然自起兵以來諸將從朕披堅執銳以征討四方戰勝攻取其功何可忘哉是用報以爵賞其新附將帥之有功者亦如之其次第皆朕所自定至公而無私如左丞相李善長雖無汗馬之勞然事朕最久供給軍食未嘗乏闕右丞相徐達朕起兵時即從征討四方摧堅撫順勞勩居多此二人者已列公爵宜進封大國以示褒嘉餘悉據功定封書云德懋懋官功懋懋賞今日所定若爵不稱德賞不酬勞卿等宜廷論之無有後言諸將皆頓首悅

服遜頒行爵賞封公者六人宣國公李善長授開國輔運推誠守正文臣特進光禄大夫左柱國太師中書左丞相進封韓國公食禄四千石信國公徐達授開國輔運推誠宣力武臣特進光禄大夫左柱國太傅中書右丞相進封魏國公食禄五千石並賜帛百匹開平王常遇春子茂封鄭國公馮勝封宋國公李文忠封曹國公鄧愈封衛國公俱授開國輔運推誠宣力武臣特進榮禄大夫右柱國並食禄三千石賜帛各八十匹封侯者二十有八人湯和封中山侯唐

勝宗封延安侯陸仲亨封吉安侯周德興封江夏侯華雲龍封淮安侯顧時封濟寧侯耿炳文封長興侯陳德封臨江侯郭興封鞏昌侯王宗原封六安侯鄭遇春封滎陽侯費聚封平凉侯吳良封江陰侯吳禎封靖海侯趙庸封南雄侯廖永忠封德慶侯俞通源封南安侯華高封廣德侯楊璟封滎陽侯康鐸封蘄春侯朱亮祖封永嘉侯傅友德封潁川侯胡均美封豫章侯韓政封東平侯黃彬封宜春侯曹良臣封宣寧侯梅思祖封汝南侯陸聚封河南侯俱授開國輔

運推誠宣力武臣榮祿大夫柱國其食祿及賜
帛各有差並賜誥命鐵券乃詔天下曰曩者有
元失馭海宇紛爭朕自布衣奮身行伍覩群雄
之無力遂率衆渡江撫太平定建業選將練兵
征討四方者幾二十年荷皇天宗社之眷山川
百神之助諸將效謀六師用命遂致華夏清寧
蕃夷臣伏一統之業屬予一人今者班師振旅
定功封爵朕重念諸將士委身暴露艱苦之狀
欲加重賞則天下鎮守之兵及京師護衛之士
不下百萬而民之資力有限是用計倉庫之所

儲度民力之所具（均其等第尊）爵祿頒（金帛）以勞將臣仍稽古制定勳爵俾其子孫世襲軍士則各賞白金十兩錢六千朕之此言通于天地昭布中外咸使聞知

肅軍政第四

洪武元年春正月

上以太史令劉基奏立軍衛法廼自京師達于郡縣皆立軍衛大率以五千六百名爲一衛一千一百二十名爲一千戶所一百一十二名爲一百戶所每一百戶下設總旗二名小旗一十

名管領鈐束通以指揮使等官領之大小相維
以成隊伍撫綏操練務在得宜毋敢紊亂空歇
凡有事征伐則詔總兵官佩將印領之既旋則
上所佩印於朝廷軍士則各歸其衛而單身還
第其權一皆出自朝廷而不敢有所擅調五年
夏六月降律令於各衛禁止軍官軍人不得於
私下或明白接受公侯所與信實金銀段匹衣
服糧米錢物及非出征時不得於公侯之家門
首侍立其公侯非奉特旨不得私自呼喚軍人
役使違者公侯三犯准免死一次軍官軍人三

犯發海南充軍

絕倖位第五

上初即位即會群臣立綱陳紀法體漢唐略加增減亦參以宋朝之典內置中書省大都督府御史臺及六部等官外列都指揮使司布政使司按察使司及府州縣等官綱維庶務以安兆民一革冗濫之弊四年夏五月諭吏部尚書詹同等曰吏部者衡鑑之司鑑明則物之妍媸無所逃衡平則物之輕重得其當蓋政事得失在庶官任官賢否由吏部任得其人則政理民安

非其人則瘝官曠職卿等居持衡秉鑑之任宜在公平以辯賢否毋但庸庸碌碌充位而已六年夏四月命吏部訪求賢才上曰世有賢才國之寶也古之聖王恒汲汲于求賢若高宗之於傳說文王之於呂尚二君者豈其智之不足也而遑遑於板築鼓刀之徒蓋賢才不備不足以爲治鴻鵠之能遠舉者爲其有羽翼也蛟龍之能騰躍者爲其有鱗鬣也人君之能致治者爲其有賢才而爲之輔也今山林之士豈無德行文藝之足稱者宜令有司採舉而備禮遣送京

師朕將任用之以圖至治

定民志第六

上命中書省定官民房舍服色等第諭之曰昔帝王之治天下必定禮制以辯貴賤明等威是以漢高初興即有衣錦繡綺縠操兵乘馬之禁歷代皆然近世風俗相承流於奢侈閭里之民服食居處與公卿無異貴賤無等僭禮敗度此元之所以失政也中書其以官民房舍服色等第明立禁條頒布中外俾各有所守以正名分

禮部上考定禮儀上謂尚書牛諒曰禮者國之

防範人道之紀綱朝廷所當先務不可一日無也自元氏廢棄禮教因循百年而中國之禮變易幾盡朕即位以來夙夜不忘思有以振舉之以洗染汚之習故嘗命爾禮部定著禮儀今雖已成宜更與諸儒叅詳考議斟酌先王之典以復中國之舊務合人情永爲定式庶幾愜朕心也又嘗諭徐達等曰禮法國之綱紀禮法立則人志定上下安建國之初此爲先務爾等爲吾輔相當守此道毋謹於始而忽於終也

新舊俗第七

六年冬十一月命刑部尚書劉惟謙更定新律每一篇成輙繕書上奏揭於西廡之壁上親御翰墨爲之裁定務協厥中而後頒降七年春二月新律成其篇目一凖之於唐曰名例曰衛禁曰職制曰戶婚曰廐庫曰擅興曰盜賊曰鬬訟曰詐僞曰雜律曰捕亡曰斷獄其間或損或益或仍其舊悉合輕重之宜合六百有六條分三十卷

右申禁令

上令諸司定文武科取士之法諭之曰上世帝

王創業之際用武以安天下守成之時講武以威天下至於經綸撫治則在文臣二者不可編用也古者人生八歲學禮樂射御書數之文十五學脩身齊家治國平天下之道是以周官選舉之制曰六德曰六行曰六藝文武兼用賢能並舉此三代治化所以隆盛也茲欲上稽古制設文武二科以廣求天下之賢其應文舉者察之言行以觀其德考之經術以觀其業試之書算以觀其能策之經史時務以觀其政事其應武舉者先之以謀略次之以武藝取其實效不

尚虛文然此二者必先年責成有司預爲勸諭俾民間秀士及智勇之人各以時勉學俟開舉之歲以充貢京師上嘗謂翰林侍讀學士詹同等曰古人爲文章或以明道德或以通當世之務如典謨之言皆明白易知無深怪險僻之語至如諸葛孔明出師表亦何嘗雕刻爲文而誠意溢出至今使人誦之自然忠義感激近世文士不究道德之本不達當世之務故詞雖艱深意實淺近即使過楊雄相如何裨實用自今翰林爲文但取通道理明世務無事浮藻

右覈實效

二年冬十月 上諭中書省臣曰學校之教至元其弊極矣使先王衣冠禮義之教混爲夷狄上下之間波頽風靡故學校之教名存實亡況兵變以來人習於戰鬬惟知干戈莫識俎豆朕嘗謂治國之要教化爲先教化之道學校爲本京師雖有太學而天下學校未興宜令郡縣皆立學禮延師儒教授生徒以講論聖道使人日漸月化以復先王之舊以革污染之習此最急務宜速行之

八年春三月命御史臺官選國子生分教北方

上諭之曰致治在於善俗善俗本乎教化教化

行雖閭閻可使爲君子教化廢雖中材或墜爲

小人近北方喪亂之餘人鮮知學欲求多聞之

士甚不易得令太學諸生中年長學優者卿宜

選取俾往北方各郡分教庶使人知務學人材

可興於是選國子生林伯雲等三百六十六人

給廩食賜衣服而遣之

右育人才

三年夏六月李文忠等遣人送故元皇孫買的

里八剌及其后妃等到京中書上言宜獻俘太廟上以帝王之後有所不忍止令具本俗之服見至日上服皮弁御奉天殿百官具朝服侍班侍儀使引見行五拜禮見皇太子行四拜禮后妃朝坤寧宮命婦具冠服侍班禮畢賜以中國冠服幷賜第宅及廩餼封買的里八剌爲崇禮侯誥曰昔帝王之有天下必封前代子孫使作賓王家其來尚矣元失其馭四海紛爭朕以武功削平羣雄混一區宇爲天下主而買的里八剌實爲元之宗孫比者遣將北征爾祖已殂旣

克應昌爾廼來歸朕念帝王之後爰稽古制錫以侯封爾其夙夜恭愼稱朕優禮之意上以元主不戰而奔克順天命特謚曰順帝上又以其后妃在京不能耐暑且北狄但知食肉飲酪廼勑中書省臣務使之飲食起居適宜若其欲歸當遣還沙漠未幾竟遣還

右優前代

上以國家創業之初禮制未備勑中書省令天下郡縣舉素志高潔博古通今練達時宜之士禮送至京乃命凱等更製其詞至是上之命恊

音律者歌之謂侍臣曰禮以導敬樂以宣和不敬不和何以爲治元時古樂俱廢惟淫詞艷曲更唱迭和又使胡虜之聲與正音相雜甚者以古先帝王祀典神祇飾爲隊舞諧戲殿廷殊非所以道中和崇治體也今所制樂章頗恊音律有和平廣大之意自今一切流俗諠譊淫褻之樂悉屏去之

右正禮樂之失

三年上以山川之神不宜加以國家封號定制止稱本名詔曰自有元失馭群雄蝟沸上宇分

裂聲教不同朕奮起布衣以安民爲念訓將練兵平定華夷大統以正永惟爲治之道必本於禮考諸祀典如五嶽五鎭四海四瀆之封起自唐世崇名美號歷代有加在朕思之則有不然夫嶽鎭海瀆皆高山廣水自天地開闢以來至今英靈之氣萃而爲神必皆受命於上帝幽微莫測豈家國封號之所可加瀆禮不經莫此爲甚至於忠臣烈士雖可加以封號亦惟當時爲宜夫禮所以明神人正名分不可以僭差今命依古定制凡嶽鎭海瀆並去其前代所封名號

止以山水本名稱其神郡縣城隍神號一體改封歷代忠臣烈士亦依當時初封以爲實號後世謚議之稱皆與革去其孔子明先王之要道爲天下師以濟後世非有功於一方一時者可比所有封爵宜仍其舊庶幾神人之際名正言順于理爲當用稱朕以禮祀神之意

右去海嶽之封

上平日持身之道無優伶近狎之失酣歌夜飲之歡正宮無自縱之權妃嬪無專寵之幸自以乾清宮爲正寢后妃宮院各有其所每夕進御

有序或有浮詞之婦祭其言非即加詰責故宮無妬忌之女其外戚亦循理畏法無敢恃寵以病民寺人之徒惟給事掃除之役凡古昔所深患者皆絕無之上每有識記書札輒命皇后藏之倉卒取視后即於囊中出而進之未嘗脫誤凡進上御膳后必躬自省視宮人請曰宮中人衆可無煩聖體后曰吾固知宮中有人但婦人事夫不可不謹膳羞上進不可不潔脫有不至汝輩受責吾心豈安吾所以爲此者一以敬上而不敢忽一以保汝輩免於責也豈謂無人耶

宮人聞之莫不感悦

右嚴宮闈之法

二年春正月上勑中書省臣曰元末政亂禍及生靈朕倡義臨濠以全鄉曲繼率英賢渡大江遂西取武昌東定姑蘇北下中原南平閩廣越十有六載始克混一每念諸將相從捐軀戮力開拓疆宇有共事而不覩其成建功而未食其報追思前勞痛切朕懷人孰無死死而不朽乃爲可貴若諸將者生建忠勇之節死有無窮之榮身雖没而名永不磨矣其命有司立功臣廟

於雞鳴山序其封爵爲像以奉祀之又嘗勑禮部官曰自古忠臣義士舍生而取義者身沒而名存有以垂訓於天下後世若元右丞余闕守安慶屹然當南北之衝援絕力窮舉家皆死節義凜然又若江州總管李黼身守孤城力抗強敵臨難死義與闕同轍自昔忠臣義士必見褒崇於後代蓋以厲風教也宜令有司建祠肖像祀之

右厲忠節之訓

監察御史高原侃言京師人民循習元氏舊俗

凡有喪葬設酒會親友作樂娛尸惟較酒殽厚薄無哀戚之情流俗之壞至此甚非所以爲治且京師者天下之本萬民之所取則一事非禮則海内之人轉相視效弊可勝言況送終禮之大者不可不謹乞禁止以厚風化上是其言乃詔禮官定官民喪服之制上以唐宋皆有成律斷獄惟元不倣古制取一時所行之事以爲條格且比例太繁胥吏因之易爲奸弊以出入人罪故自平武昌以來即命定律後臺諫既立遂命左丞相李善長學士陶安等詳定而釐革舊

例之繁

右刻積歲之弊

洪武聖政記

金陵全書
乙編·史料類

渤泥入貢記

（明）宋濂 撰

南京出版社
南京出版傳媒集團

提要

《渤泥入貢記》一卷，明宋濂撰。

宋濂（一三一〇—一三八一），明朝開國元勛。字景濂，號潛溪，别號玄真子、玄真道士、玄真遁叟。祖籍浙江金華潛溪，到宋濂時，因戰亂遷居浦江（今浙江金華浦江）。他家境貧寒，自幼好學，英敏强記，曾受業于夢吉、吴萊、柳貫、黄溍。元順帝至正年間（一三四一—一三六八），薦授翰林編修，他以奉養父母爲由，辭不應召，入龍門山著書。朱元璋攻占婺源，召見宋濂，尊爲『五經』師。至正二十年（一三六〇），經李善長推薦，與劉基、章溢、葉琛同受朱元璋禮聘至應天（今江蘇南京），被任命爲江南儒學提舉，爲太子朱標講經。洪武二年（一三六九），奉命主修《元史》。累官至翰林院學士、國子司業、禮部主事、贊善大夫、侍講學士、中順大夫、翰林院學士承旨，知制誥。洪武十年（一三七七），以年老辭官還鄉。洪武十三年（一三八〇），因其長孫宋慎卷入『胡惟庸案』，全家被流放茂州（治所在今四川茂汶），途中病死于夔州（治所在今重慶奉節）。明武宗正德年間（一五

○六—一五二一)，追謚『文憲』。

宋濂爲人誠實謹慎，在我國古代文學史上，他與劉基、高啓并列爲明初詩文三大家。《明史》卷一百二十八《宋濂傳》稱：『自少至老，未嘗一日去書卷，于學無所不通。爲文醇深演迤，與古作者并。在朝，郊社宗廟山川百神之典，朝會燕享律歷衣冠之制，四裔貢賦賞勞之儀，旁及元勛巨卿碑記刻石之辭，咸以委濂，屢推爲開國文臣之首。士大夫造門乞文者，後先相踵。外國貢使亦知其名，數問宋先生起居無恙否。高麗、安南、日本至出兼金購文集。四方學者悉稱爲「太史公」，不以姓氏。』《明史》卷一百二十八《劉基傳》稱劉基『所爲文章，氣昌而奇，與宋濂并爲一代之宗』。代表作有《孝經新説》《潛溪集》《浦陽人物記》《蘿山集》《龍門子凝道記》《翰苑集》《芝園集》《朝京稿》等，後人刻有《宋學士文集》《文憲集》《宋文憲集》《宋學士全集》等。

渤泥，又叫婆利、勃泥、婆羅、佛泥、浡泥、汶萊、文萊，即今天的文萊國，位于加里曼丹島北部。早在公元六世紀的南朝梁代，文萊已遣使來中國（《梁書·南海諸國傳》）。隋唐宋元時期，文萊與中國的交往時斷時續。明朝建國後，遣使前往文萊，雙邊交往日益頻繁。鄭和七次下西洋中，第二次、第五次都曾到達文萊（見楊新華、楊建華編著《浡泥國王墓探源》，南京大學出版社二〇〇二年九月第二版）。

《渤泥入貢記》正文一千一百九十字，附表二百一十四字。文字簡練，叙事簡潔。它記述了洪武三年（一三七〇）秋八月，福建行省都事沈秩與監察御史張敬之等人奉明太祖朱元璋之命出使渤泥國，冬十月由泉州入海，半年後即洪武四年（一三七一）四月抵達渤泥國。國王馬合謨沙開始時倨傲無禮。經沈秩等人嚴辭斥責，最終表示歸順大明王朝，并派遣亦思麻逸等四人作爲使臣，隨沈秩、張敬之奉表入朝，貢獻鶴頂、孔雀、生玳瑁、大片龍腦、米龍腦、西洋布、黄蠟、降真諸香等。洪武四年（一三七一）八月十五日，渤泥國使臣到達京師南京。十六日，明太祖接見使臣，并賜宴會同館。不久厚賜遣歸。據專家考證，馬合謨沙就是文萊的第一位皈依伊斯蘭教的蘇丹 Sultan Muhammad Shah（文萊皇家族譜中記載是一三六三—一四〇二年在位）（見楊新華、楊建華編著《浡泥國王墓探源》）。

《渤泥入貢記》的正文後面附有洪武四年（一三七一）五月渤泥國王馬合謨沙上奏明太祖朱元璋的《渤泥國表》。在表中，馬合謨沙講述了渤泥國作爲闍婆國屬下統有十四洲的小國，剛剛遭到蘇禄國的入侵，幸而有了大明王朝的保護，表達了對大明王朝的歸順和對大明皇帝的景仰之情。

在《渤泥國表》後面，有一段按語寫道：『青霞曰：「非先生在詞林，焉得見此表，聞此語？」傅旭元曰：「表甚妥當，具見一統同文之盛。」』此表因宋濂特殊的身份而得以保存下來，讓人感受到大一統明朝文化的影響力。

《渤泥入貢記》全面記載了渤泥國自然地理、建築飲食、文字服飾、物産習俗、風土民情，是目前發現的中國有文字記載的官方第一次出使文萊的文獻，也是研究中國和文萊交流史，以及鄭和下西洋歷史的重要參考資料。可補充《明史》卷三百二十五《外國傳六・浡泥列傳》的不足。

《渤泥入貢記》先後被收入清朝順治年間刊刻的《説郛邊事叢集》、康熙年間刊刻的《明初遺事七種》、乾隆年間刊刻的《四庫全書》等叢書中。現以南京圖書館藏清朝康熙四十九年（一七一〇）刊刻的《明初遺事七種》本爲底本原大影印。

盧海鳴

其福乃臻。我陳我詩。其辭則梔。匪頌以規。

渤泥入貢記 渤泥國表附

陳選曰沈公不惟可使抑亦可將　愚谷曰敘事簡潔

濂承旨禁林日。福建行省都事沈秩來謁曰。洪武三年秋八月。秩與監察御史張敬之等。奉詔往諭渤泥國。冬十月。由泉南入海。四年春三月乙酉朔。達闍婆。又踰月始至其國。國王馬合謨沙。僻處海中。倨傲無人臣禮。秩令譯人通言曰。皇帝撫有四海。日月所照。霜露所隊。無不奉表稱臣。渤泥以彈丸之地。乃欲抗天威邪。王大悟。舉手加額曰。皇帝爲天下主。即吾之君父。安敢云抗。秩即折之曰。王既知君父之尊。爲臣子者奈何不敬。亟撤王座。而更設薌几。置詔書其上。命王帥官屬列拜于庭。秩奉詔立宣之。王俯伏以聽。成禮而退。明日王辭曰。近者蘇祿起兵來侵子女玉帛盡爲所掠。必俟三年後。國事稍緩。造舟入貢。爾秩曰。皇帝登大寶。已有年矣。四夷之國。東則日本高麗。南則交趾占城闍婆。西則吐蕃。北則蒙古諸部落。使者接踵于道。王即行已晚。何謂三年。王曰。地瘠民貧。愧無奇珍以獻。故將遲遲。爾非有他也。秩曰。皇帝富有四海。豈有所求於王。但欲王之稱藩。一示無外。爾王曰。容與相臣圖之。又明日。其相王宗恕來曰。使者之言良是。請以五月五日成行。闍婆有人間王曰。蘇祿來攻王師。師却之。今聞歸誠中國。無我闍婆矣。王惑之。秩復走見王。王辭以疾。秩大言謂宗恕曰。爾謂闍婆非中國臣邪。闍婆尚稱臣於爾。爾國乎。何有使者朝還。天兵旦夕至。雖欲噬臍。悔可及乎。宗恕悚然曰。敬聞命矣。乃入。白王。王大會其屬。共議遣亦思麻逸等四人入朝。臨發王以金佩刀。吉貝布。爲贈。秩、毅、然、辭、之。王顧近侍曰。中國使者廉潔乃如是耶。闍婆來人。誅索無厭。況强之而不受耶。爾曹宜效之。秩以涉海萬里。不可以無紀。乃與敬之各賦一詩。王大悅。書于板中懸之。旣與王別。舟行至海口。王又遣左右言。令人與亦思麻逸曰。使者不受刀。布爾等必不還矣。秩、恐、王、不、喻、復、走、王、所、反、覆、譬、曉、之。王曰、使者之言如此。予中心釋然矣。王舉酒爲別。酹地祝曰。願使者蚤還中國。願亦思麻逸蚤歸倣耶。秩八月十五日還京師。十六日以亦思麻逸等入見。錫宴於會同館。已而遣歸。寵賚其王甚厚云。其所貢物。鶴頂。生玳瑁。大片龍腦。米龍腦。黃蠟。降眞諸香。其表用金刻番書。彷彿如回鶻書。其文鄙陋不足觀。皇、太、子、牋。用、銀、牋。文與表相類。其地炎熱。多風雨。無城郭。樹木柵爲圍。王之所居若樓。覆以貝多葉。王綰髻。裸跣。腰纏花布。無輿馬。出入徒行。城中人不滿三千家。多業漁。剪髮齊額。婦人衣短衫。僅蔽胸背。腰繫花布。散髮跣足。其物産只吉貝。黃蠟。降眞。龜筒。玳瑁。檳榔。煮海爲鹽。瀝椰漿爲酒。無稻麥。捕生魚蝦蟹食之。兼食沙糊。沙糊者。取樹實爲漿。澄漉。膩如粉。食之能不饑。食無器皿。以竹編貝多葉爲之。食畢則棄之。番書無筆札。以刀刻貝多葉行之。事佛甚嚴。以五月十三日爲節。國人亦於是日作佛事。若有燕饗。則刲羊豕雞鵝。鳴鼓擊鈸以爲樂。此其大凡也。先生職在太史。願爲詳紀之。以昭聖化所被之盛。濂聞渤泥在西南大海中。所統一十四州。去闍婆四十五日程。去占城與摩逸各三十日程。去三佛齊四十日程歷代未嘗朝貢故史籍不載至宋太平興國二年其王向打始因商人蒲盧歇遣使弩使副蒲亞利判官哥心等齎表來貢元豐五年二月其王錫理麻喏復遣使如前日後輒不聞元有國百餘年亦不復至方今聖人在上威德之所被無遠不屆璽書一頒輒稽首臣順稽之往古允謂過之至若秩等奉宣德音辭令所加足以讋服其心亦可謂不辱君命者矣其事宜書以俟他時修國史者采焉秩字仲庸湖之烏程人敬之字某某州人二人協心謀慮無役不偕故卒能成功云

表文云渤泥國王臣馬合謨沙爲這幾年天下不寧靜的上頭俺在番邦裏住地呵沒主的一般今有皇帝令有使臣來開讀了皇帝的詔書知道皇帝登了寶位與天下做主俺心裏子生

歡喜本國地面是闍婆管下的小去處。怎消得皇帝記心。這幾日全被蘇祿家沒道理。使國將歹人來。把房子燒了。百姓每都喫害了。託着皇帝詔書來的福廕。喜得一家兒人沒事。如今國別無好的東西、有些不中的土物。使將頭目每替我身子。根隨着皇帝根的來的使臣。去見皇帝。願皇帝萬萬歲、皇太子千千歲。可憐見、休怪。洪武四年五月渤泥國王臣馬合謨沙表

青霞曰非先生在詞林焉得見此表聞此語

傅旭元曰表甚妥當具見一統同文之盛

蜀墅塘記

義烏縣南四十里。有塘曰蜀墅焉。周圍凡三千六百步。東西北皆岸山。山之水合七十二流入于塘。而南出焉。有蜀山突然中起。昔人因據山作隄障水以溉田。山之東其修七百尺有奇。廣

金陵全書

乙編·史料類

東朝紀

(明)王泌 撰

南京出版傳媒集團
南京出版社

提　要

《東朝紀》一卷，明王泌撰。

王泌生平不詳，該書開卷首頁署名爲『海上王泌』。根據書中所記内容的下限至明正統年間，以及該書可考的最早版刻年代爲明萬曆間，可推知作者王泌應生活在明正統至萬曆年間。

明王朝建都南京後，太子所居之宫稱東宫，也稱東朝。據《東朝紀》記載：『凡章奏必以副封啓東朝，與實封同進。』可見當時朝廷對東朝的重視以及太子在朝廷中的地位。《東朝紀》一書共有記載二十餘條，開首的五條内容專記太子朱標；其餘皆爲記録朱標之子朱允炆自洪武二十五年（一三九二）九月十二日册封爲皇太孫、洪武三十一年（一三九八）閏五月十六日即皇帝位，直至未遁之前在蘭香殿聚珠寶异物及瀝青之事。全書較爲詳細地記述了建文帝登基的原委、在位的政績、凄凉的晚景以及當時的宫廷秘史。明洪武時皇太子和皇太孫事迹均發生于南京，後世對這一段的歷史也有頗多的存疑和傳説。該書篇幅雖然大多，但每條的記載都很重要，對于了解明初建文朝的歷史演變有重要參考價值；同時對于了解明初歷史、南京皇宫的建制、洪武到永樂的演變、宫廷的内幕等，均有重要的參考價值，是不可多得的重要史料。

《東朝紀》一書尚未發現有單行本傳世，目前有準確時間的明代版本，爲萬曆年間所刊刻的《稗乘》。由于該書記載中有明正統年間之事迹，可見《東朝紀》的成書時間大約在明正統至明萬曆年間。該書除了被明萬曆間刊本《稗乘》所收録外，明刊本《廣百川學海》、清順治三年（一六四六）宛委山堂本《説郛續》、民國商務印書館本《叢書集成初編》等也曾分别收録。一九八五年開始，中華書局還據民國商務印書館本進行了影印。

此次入選《金陵全書》，南京出版社所選用的底本爲清順治三年（一六四六）宛委山堂本。

王明發

東朝紀

海上王泌

初太子讀書大本堂選民間之俊秀及公卿之嫡子入堂中伴讀謂之龍門秀才後以文華殿爲太子進講之所

朱學士景濂教太子之功居多因孫祚得罪連坐應死　高后遣奏請免其死　上未允太子泣諫亦未蒙恩太子計窮投金水河左右救止以聞上乃釋公竄之松潘

鈔法既行　上命太子專董其事時僞造甚衆比有得者一見即知眞僞葢其機識在二印僞者不知

國初疏牘奉御　上一覽即送東宮令參決以觀才識後遂定制凡章奏必以副封啓東朝與實封同進

太子以二十五年夏薨將停群祀禮部當議如宋制從之

洪武二十五年九月十三日冊允炆爲　皇太孫詔曰曩古列聖相繼御宇者首立儲君朕自甲辰即王位戊申即帝位于今二十九年矣前者操將練兵平

天下亂偃天下兵奠生民于田里用心多矣及統一以來除奸暴去豪强亦用心多矣邇來蒼顏皓首儲嗣爲重嫡孫允炆以九月十三日册爲皇太孫奉上下神祇以安民庶誥示臣民想宜知悉

皇太孫洪武三十一年閏五月十六日即　皇帝位改明年爲建文元年追　懿文太子爲孝康皇帝懿敬皇太子妃爲皇太后常遇春女册妃呂氏爲皇后后壽州人太常卿呂本之女八月詔書曰將呂后之父呂本靈位與　太祖高皇帝同祀于西宮正指此也

皇帝嗣位之初卽下明詔行寬政赦有罪蠲逋租去
事之妨民者明年以紀元賜高年米肉絮帛民鬻子
者爲之贖免田之租稅幾分遣使者問海內所患苦
者當廉平吏罪至死者多令活之于是刑部都察院
論因視往歲減三之二人重犯決
上親擇二十四人爲採訪使以觀風謠給事華亭徐
思勉亦與焉又改建都察院　史衣又
賜宴于新治以寵之二年
延年使者還自西方得玉于雪山廣二尺色青先是

上在宫儲時嘗夢神致上帝命授以重寶及是始應命工琢爲大璽方尺六寸九分親定其文曰天命明德表正萬方精一執中宇宙永昌名曰凝命神寶

上幸大學視祀孔子拜跪盥獻咸用享廟禮縉紳聚觀皆思自奮以進庸于世元年三月

處士高鬼上時事一墾荒田二抑末藝三愼選舉四開鐵冶

七月十一日賜學士董倫御書怡老堂三大字及綵凡玉鳩杖各一

十二月癸卯朔乘輿臨視殿壇戒飭百官滌牲省器是月戊寅　上御奉天殿群公卿咸受誓戒宿于齋宮明日己卯出舍　皇邸尚食進素膳及期行事自元旦至于祭天地開朗日月輝華方當出郊龍旗徐行萬騎不驚山川草木皆有喜色六軍百姓欣躍聚觀

上于乾淸坤寧南北二宮間爲退朝燕處之殿置古書祖訓于其中游玩深思名之曰省躬方孝孺奉諭譔銘

王紳禕之子　皇上即位召入翰林編摩　太祖實錄王景新（一作彰）爲山西布政坐事謫雲南　上召爲侍讀同修　太祖實錄

聞之故老言洪武紀年之末庚辰前後人間道不拾遺有見遺鈔于塗拾起一視恐汚踐更置者叱高潔地直不取也

建文國破時削髮披緇騎而遁其後在湖湘間某寺中（或曰武當山）至正統時八十餘矣一日聞巡按御史行部乃至察院言欲入陳牒門者不知誰何亦不敢沮

既入從中道行至堂下坐于地御史問爾何人訟何事不對命與紙筆即書云告狀人姓某太祖高皇帝長孫懿文太子長子以付左右持上御史謂曰老和尚事真僞不可知即真也爾老如此復出欲何爲曰吾老無能爲矣所以出者吾此一把骨當付之何地耶不過欲歸體父母側耳幸爲達之御史許諾命有司守護飛章以聞　上令送京師至遣内監往視咸不識和尚曰固也此曹安得及事我爲問吳誠在否衆以白上上命誠往誠見和尚亦遲疑和尚曰不[illegible]

見殆四十年亦應難辨矣吾語若一事昔某年月日吾御某殿汝侍膳吾以箸挾一臠肉賜汝汝兩手背有執持不可接吾擲之地汝伏地以口嚃取食之汝寧忘之耶誠聞大慟返命言信也上命迎入大内某佛堂中養之久而殂云

初逸時由地中出雲遊河南江淮間既久入汴梁某寺題詩云寥落東南四十秋而今霜雪已盈頭乾坤有恨家何在江漢無情水自流長樂宮中雲斷影朝元閣上雨聲愁新蒲細柳年年綠野老吞聲哭未休

太祖嘗問劉誠意朕長孫享天下當幾何劉對曰皇
太孫骨氣不凡非富貴可久拘也　上問其由不答
固問之劉曰此出家當得僊若嗣大位只四五年天
下分　上曰令出家而以燕王爲嗣若何劉曰于理
不可貽笑于後弗若令嗣大位而有難則避　上言
何以預爲之所劉曰製一函藏度牒緇衣剃刀其中
令遇難則啓之庶幾　此以免且得天下者必燕王
也燕王才度既雄而北地常有王氣　上然之遂作
牒函之以遺建文至是果以燕王難披剃而遁燕王

即位削去劉誠意伯爵

建文在儲貳時與燕王同侍　太祖太祖出一對以觀其志曰風吹馬尾千條線建文對曰雨打羊毛一片羶燕王則曰日照龍鱗萬點金　太祖意以燕王氣象爲不小

建文未遜時先于大內蘭香殿聚珠衣寶帳及内帑珎異諸物殿上塗猛火油貯瀝青其中語親密宫人期以城破遜去舉火故當時以建文自焚死也

金陵全書

乙編·史料類

遜國正氣紀

（明）曹參芳　撰

南京出版傳媒集團
南京出版社

提要

《遜國正氣紀》八卷首一卷，明曹參芳撰。

曹參芳，字日贊，號南國逸史、浦上逸史等，安徽貴池人。明末任池州府學訓導，曾得史可法、程世昌激賞，入清後隱居不仕，精研易學，人稱『心易先生』。曾講學培原書院，其子晟、孫永貞皆以詩聞名。

《遜國正氣紀》書前自序作於崇禎十七年（一六四四）中秋前一日，此時距李自成攻入北京、崇禎自縊於煤山已有五個月，距福王在南京即位已有三個多月，歷史正在上演最爲紛亂慘痛的場景，天下離亂，生靈塗炭，士人失國失君，一時士大夫殉國者甚多。但李自成入京時有文臣迎降勸進，清軍入關時有武將開關導引，作者出於義憤，撰成此書，意在表彰忠義，激勵節氣，亦寓對明朝滅亡的反思與總結於其中。

本書卷首内容包括：序五篇、論例義例一篇、徵考書目八十餘種，以及列聖詔諭、歷朝公議，其中《列聖詔諭》備載自成祖至南明福王間朝廷所頒布的褒忠之詔，追恤之旨，《歷朝公議》則記録了大臣們請求追復建文年號、修撰建文實録等希望保存史實的不懈努力。卷一内容包括《讓皇帝年表》《讓皇帝本紀》，『年表』只有寥寥數條，列洪武三十一年（一三九八）閏五月建文帝即位至建文四年（一四〇二）之間一些朝廷大事如册后、尊母謚、修成《太祖實録》等，『本紀』部分内容記載建文即位之前至建文四年六月朱棣攻入南京、内宫起火，傳建文改着僧衣出逃爲止。卷二内容包括《讓皇帝外紀》《從亡列傳》，『外紀』中從亡臣僚二十七人有傳。卷三至卷五内容爲《文忠列傳》，收入一百一十四人的傳記。卷六爲《武忠列傳》，收入五十九人的傳記。卷七爲《隱遯列傳》，收入二十餘人的傳記。卷八爲《後死列傳》，收入四人傳記。全書九卷内容，收入記傳人物多達一百九十餘人。每節内容之後皆附有『逸史臣曰』『逸史曰』，或作評判，或發感慨，或作總結，或行探討，一方面承認明成祖的合法地位，一方面又同情建文之失國、諸臣之遇害，褒揚忠義，反思現實。

明成祖朱棣於建文四年（一四〇二）登基之後，即下令革除建文年號，毁棄和篡改種種檔案史料，又大肆殺戮，歪曲史實，造成了建文朝歷史記述嚴重缺失和失實。隨着年代漸遠、禁令漸弛，正德（一五〇六—一五二一）以後各類雜史傳記紛紛涌現，以萬曆（一五七三—一六二〇）間最爲集中和繁雜，各種僞書也多在此時期出現，而一些具有科學精神和求實特點的著作亦於此時出現。本書之編纂時間在明朝末年，皇帝與官僚集團間的合作早已無法進行，邊境吃緊，國是日非，人心悲憾，民間乃有一種懷舊的情緒，本書亦體現這一特徵。在明代的各種建文朝遺事史籍中，本書可算是殿軍之作，有後出之優勢，可算是博采廣收，卷帙浩繁。

書前所列『徵考書目』多達八十餘種，但書中主要内容系從史仲彬《致身録》、程濟《從亡隨筆》《奉天靖難録》諸書中抄撮而成，而對於如朱鷺《建文書法擬》、屠方叔《建文朝野彙編》中的考證結果并未予以重視，立場明顯同情建文君臣，全不顧當時史家已經辯正《致身録》諸書之僞。如書中卷二『外紀』之葉十三，記建文帝遜位之後於正統元年（一四三六）題於金竺長官司羅永菴壁詩：『閱罷楞嚴磬懶敲，笑看黄屋寄團瓢。南來瘴冷千層迥，北望天門萬里遥。款斷久忘飛鳳輦，袈裟新換衮龍袍。百官此日知何處，惟有群烏早晚朝。』首聯韻尾字用『標』，懿文太子名朱標，縱明代避諱不嚴，以建文之嚴守禮法，好復古制，也絶無直書父諱的可能。所以《四庫全書總目提要》中論定此書『大抵沿襲傳聞，無所考正』，是一個允當的評價。

此書流傳版本據書目著録有《千頃堂書目》及《明史·藝文志》，皆著録有九卷本。《四庫全書存目提要》及《續通志》《續文獻通考》皆著録有二卷本。今存世版本爲明末刻本，八卷首一卷，疑即《千頃堂書目》所稱之九卷本，蓋將卷首内容合而計。本書據中國國家圖書館藏明末刻本原大影印出版。

趙彦梅

讓皇帝年表

嗣統四年

改年建文

永樂革除

萬曆追復

今上上

尊謚

正氣紀

洪武三十一年	戊寅		夏閏五月辛卯嗣皇帝位上大行皇帝謚
建文元年	己卯	春正月祀天地奉太祖配尊皇考爲興宗孝康皇帝皇妣爲孝康皇	后冊妃馬氏爲皇后立皇子文奎爲皇太子
建文二年	庚辰	春正月京師道不拾遺	
建文三年	辛巳	春正月凝命神寶成	
建文四年	壬午		夏六月靖難兵襲京帝遁去以崩聞

尊母呂氏爲皇太后

秋七月

壬申北平靖難兵起

冬十二月

太祖高皇帝實錄成

冬十月

曷書冬十月文皇未改元猶建文年也

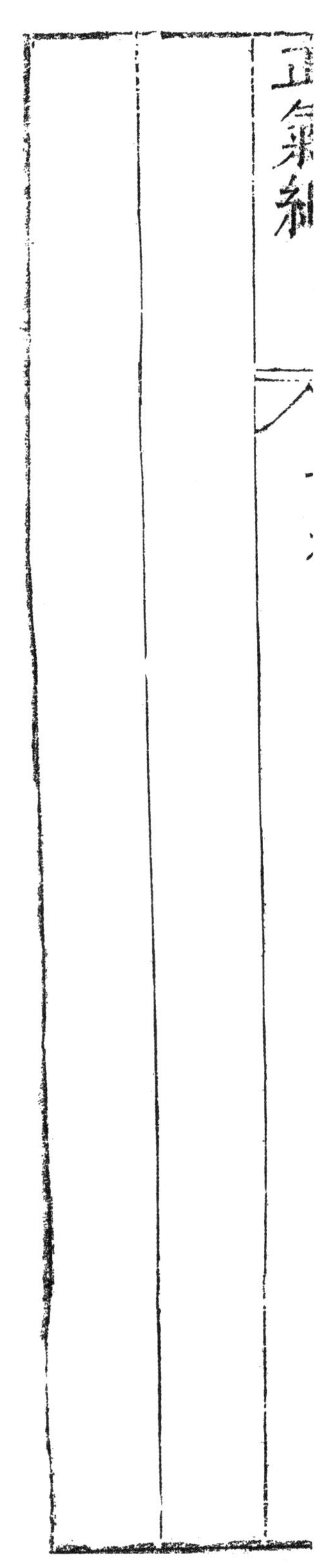

遜國正氣紀卷之一

逸史臣曹參芳輯次　同郡後學劉襄祚較閱

讓皇帝本紀

惠宗讓皇帝諱允炆孝康皇帝子呂后所出
太祖高皇帝孫也生扵洪武十年十一月乙卯之日幼慈慧敦孝友勤詩書志存古道以禮法自閑　孝康皇爲太子時適病癰　皇孫年甫十四含淚撫摩晝夜不離聞號呼聲惶惶若不欲生親吮吸之周匝旬餘始愈
太祖聞之嘆曰有孫如此朕復何憂更二年　太子疾甚

皇孫入侍。曲盡苦心。及薨。哭踊哀慕。事事如禮。水漿不入口者五日。太祖撫之曰。毀不滅性。禮也。爾誠純孝。獨不念我乎。始一啜糜粥。欲服喪三年。太祖不可。三年之內。語未譁聲。笑不露齒。遠聲色。絕酒肉。獨立自處。悉遵古禮。人勸之。則曰。服可例除。情須自致。三弟皆幼。撫育備至。寢食與俱。太祖聞之喜。一日臨其宮。兄弟四人並侍。出句云。兄弟相懷本一身。皇孫遽應。祖孫繼體宜同德。太祖心許。時年六十有五矣。御東角門。對群臣泣。翰林學士劉三吾進曰。皇孫世適。當承春秋。正德備極。四海繫心。

皇上毋過憂。太祖曰善。是年九月庚寅立爲皇太孫。
詔曰。曩者列聖馭宇。首建儲君。朕甲辰卽王位。戊申卽帝
位。於今二十五年矣。前者選將練兵。奠生民於田野。統一
以來。除奸貪。去豪強。用心多矣。邇來蒼顔皓首。儲嗣爲重。
九月十三日。册適孫允炆爲皇太孫。奉上下神祇。以安黎
庶。乃命宋國公勝。穎國公友德。諸文武大臣兼太子賓客。
脩撰黄子澄兼少詹事。侍讀東宮。又命廷臣舉孝義篤行
之士。鄭濟王懃爲左右庶子。朝夕贊翊。太孫夙英明仁
厚。好典禮文章。既正儲位。中外萬幾皆付裁决。是時政尚

嚴戮　太孫濟以寬大一日侍　皇祖側舉大明律授之曰此酌古準今協禮制宜人情汝其熟玩以復太孫捧讀成誦問曰汝熟其文矣能解其義乎對曰解因問名例之義曰名者聖人所以勵世磨鈍也故生人大倫名義爲重維持風化名教居先以名義名教爲例庶幾刑罰之中不失德義之意曰然此書首列一刑圖次列八禮圖者重禮也但愚民無知如於本條下即注寬恤之令必易犯法故以廣大好生之旨總列名例律中善用法者會其意可也　太孫曰名例律中某條尚覺嚴而不恕請稍

改之可乎曰試率意改來因更定五條　太祖喜曰甚善　太孫復跪請曰明刑所以弼教凡與五刑相涉者宜皆屈法以申恩今律中所定期於盡法而未原情竊有所不安曰凡未安者汝悉改之遂遍考禮經及歷朝刑法志改定七十三條　太祖覽竟大喜曰吾當亂世刑不得不重汝當平世刑宜從輕所謂刑罰世輕世重也如後用刑可遵此又語　太孫曰吾平日用刑雖重然所誅戮者皆極惡無道之人去惡以保善如去莠以養苗非厲苗也　太孫曰殺無道以就有道仲尼不以爲然未若行德以風

之但愧上之德薄何憂民之難化　太祖喜曰、汝言是也、嘗聽政、觸怒、輒誅夷狠藉、遏怒猶未解、　太孫迎問曰何怒之深也、曰、有累犯法、而奸惡異常者、不得不怒、曰、上失道而後下犯法、如得其情哀矜勿喜、是或一道也

太祖不覺氣平、曰、汝能不怒乎、明日有民陳理以子弑父事、送　太孫處分、遂從容詳審、得冤狀實情、竟脫之

太祖猶未之信也、拘鄰里婢僕及原醫訊之、乃知理父抱病經年、因誤服藥而斃、繼母素憎、誣其枉以証之、得

太孫條其情而洗冤脫罪　太祖驚曰、有是哉、刑不可

不慎也。太孫不獨仁而且明，朕無憂矣。一日邏者獲大盜七人，命送太孫審。太孫審一見，卽疑首盜非真，訊之果屬無辜，竟釋之。太祖覆審，盡得其所釋之原。問太孫曰：汝何以知其非盜？曰：周禮聽獄，色聽爲先；尚書亦稱惟貌有稽。汝見其人雙眸炯炯，視聽端詳，定非盜也。太祖嘆曰：决獄者信不可不讀書。後傳位詔中有云：太孫仁明孝友，天下歸心，皆見於此也。二十八年冬十月，册馬氏爲皇太孫妃。二十九年八月，詔議諸王見東宮禮。冬十月晦，皇曾孫文奎生。太祖不懌，曰：月日皆終其不殁乎三十一年五月 太祖不豫甲申日召齊泰受顧命輔 皇太孫明日崩於西宮遺詔曰朕受皇天之命膺大任於世定禍亂而偃兵安生民於市野謹撫馭以膺天命三十有一年憂危積心日勤不怠專志有益於民奈何起自寒微無古人之博智好善惡惡不及多矣今年七十有一筋力衰微朝夕危懼慮恐不終今得萬物自然之理其奚哀念之有 皇太孫允炆仁明孝友天下歸心宜登大位以勤民政中外文武臣僚同心輔佐以福吾民葬祭之儀一如漢文帝勿異布告天下使知朕意孝

陵山川因其故無改。諸王臨國中，毋得至京。王國所在文武吏士聽朝廷節制，惟護衛官軍聽王。諸不在令中者，推此令從事。 皇太孫治喪禮，披髮哭踊，哀動左右。勑有司喪儀悉遵周禮，倣其金縢遺制。前朝後殿、左右角門及西宮内寢，各設座如生存，凡十一所。有久不御者，即以香湯灑掃之。陳祖訓於東角殿，設重器於西角殿。京官四品以上朝服執鉞，立於諸陛之上。自十之日以至十六，哭臨如禮。蓋不飲勺水，夜不毓桃簟。先是 太祖不豫，多暴怒，譴謫戮者甚衆。 太孫入侍，事必躬承，嘗藥以進，扶掖以

起唾壺溺器之屬靡不親奉而愉色婉容藹然可掬

太祖顧是氣亦漸平多所全宥每當靜夜侍衛俱倦寢獨股立以待呼無不應應無不順蓋終夕未交睫也體素豐腴至此哀毀骨立矣是日諸大臣迎於大明門外群臣百姓望其毀瘠之容深墨之色與哭泣之哀莫不舉手加額曰

天子純孝舉隅喁然有至德之思焉是月辛卯

皇太孫即皇帝位詔曰天降下民作之君 皇太祖高皇帝受

天明命統有萬邦宵衣旰食弘濟斯民凡事有益於天下者

無所不用其心。政教條明，規模弘遠。朕以眇躬纂承大統。恭依遺詔，於洪武三十一年閏五月十六日即皇帝位。夙夜祇懼，思所以克相上帝，寵綏四方，以無忝我
皇祖之大命。永維寬猛之宜，誕布維新之政。其以明年為建文元年，大赦天下。於戲，德惟善政，政在養民，當遵先聖之言，期致雍熙之盛。百辟卿士，體朕至懷。自是葬 孝陵。援遺詔止諸王會葬。諸王皆怒。燕王入臨，將至淮安，齊泰密啓
帝齎勅勒令還國，愈致憤怒。詔行三年喪禮。有司執例以請。

皇帝諭曰三年之喪自天子達於庶人　先太子殂向欲遵之而不可得茲當大故敢不如禮有司奏曰天子之孝與庶人異當以宗社生靈爲重惡得殉庶人之節况有遺詔在乎復傳諭曰魏文帝胡人也猶能守禮况朕讀書知禮義不能遵先王之定制爾等不欲朕行古禮是謂吾君不能也有司復奏曰　陛下欲行三年之喪非敢謂不能也但郊社宗廟之禮不可久虛朝貢訟獄之繁不可暫廢故漢文詔以月易日歷代因之遺詔諄諄欲一如漢文行事其慮甚遠願　陛下稍抑至情俯循遺請復諭曰朕非敢

效古人諒闇不言也。郊社宗廟，朕將執綍而行事。朝貢訟
獄，罔敢不親。但朝則麻冕麻裳，退則齊衰杖經，食則饘粥，
有何不可？不則食稻衣錦，爾輩真以爲安乎？羣臣奏曰：
陛下既不廢政事，而自致哀情，敢不惟命。遂定儀注以進。
詔内外五品以上文武及縣令薦賢才，定保舉連坐法。
六月甲辰，上　皇祖考大行皇帝謚曰欽明啓運俊德
成功統天大孝高皇帝，廟號太祖；　皇祖妣孝慈昭憲至
仁文德承天順聖高皇后。尊母吕氏爲皇太后。立孝陵衛。
議革冗員，敕省州縣。以中書舍人蹇義爲吏部右侍郎，戶

部王事夏原吉爲本部右侍郎命兵部尚書齊泰太常寺卿黄子澄同叅國事泰曾受顧命子澄嘗與　上議藩國事故倚任之以平江知縣陳彦回爲徽州知府丙午日赤無光　七月驛召漢中府學教授方孝孺爲翰林博士尋陞侍講直文淵閣從　太祖命也召董倫爲禮部左侍郎兼翰林學士念先朝舊臣也賜御書怡老堂時有告周王反者從子澄議命李景隆即訊周王逮至京廢爲庶人以王紳爲國子祭酒以張鳳李衡等世錦衣衛千百户有差念鳳衡皆西宫殉葬宫人父兄所謂朝天女户也八月

進魏國公徐輝祖祿秩、勅練兵山東。時燕藩已蓄異謀[illegible]
祖雖與　王姻親、心在　帝室。嘗召對、審言燕情。　帝信
任之。詔加太子太傅、與曹國公李景隆同掌六軍、協謀備
燕。茹常以貪污免、詔張紞為吏部尚書、徵江西處士楊士
奇授齊府審理副、尋留翰林、充編纂官。九月、罷箏銅鼓衛
城、召徐輝祖、吳傑還京。某日長星西隕、有聲如雷。雲南總
兵西平侯沐英卒、遣祭、獲喪至京師、謚惠襄。　冬十月、營
惑守心。征虜將軍何福進兵金齒、討諸蠻、平之。增置陝西
洮州茶馬司。召北平總兵都督楊文還京。岳池教諭程濟

上書言北方兵起期在明年朝議以濟妄言下獄監察御史劉有年上古逸禮儀十八篇詔送前戶部主事史仲彬來京 十一月詔顧成班師還京勞之及其副將何清宋晟韓觀有差詔舉山林材德士以史仲彬授翰林院侍書監察御史尹昌隆上書請勤政 帝嘉納曰朕過也詔禮部頒行天下使明知朕失高巍應詔辟上書言宗藩之勢時藩府相繼告變燕雖稱病日操練兵馬招致異人術士密謀不軌 帝憂之以工部右侍郎張昺爲北平左布政使謝貴爲都督指揮使俾察 燕府動靜遣代王桂如蜀

以銷其邪心齊王榑有罪召入京留之　十二月辛丑敕

帝省牲郊壇封右都督沐晟嗣西平候盡釋刺面軍及囚

徒還鄉里詔賜田租曰朕即位來大小之獄務從寛省獨

賦税未平農民受困其賜明歳天下田租之半

建文元年己卯

春正月改天地祠爲南郊祠　庚辰大祀

天地於南郊奉

太祖高皇帝配先三日　帝御奉天殿誓戒百官夕宿文華

殿齋宫進素食子夜展事脱舄登殿秉圭奠瓚興俯拜跪

如禮祀畢始御朝受群臣賀方孝孺進郊祀頌　帝嘉納之諭群臣曰朕奉天地山川之靈以登大位改元伊始即告聖帝名賢及五嶽神祇乃命史仲彬遍示即位於天下神祇司業張智詣闕里祀孔子詔養老賜高年絮帛有差命官贖民鬻子復減田租勑脩高皇帝實録禮部侍郎兼翰林學士董倫王景彰總裁太常少卿廖昇翰林侍講高巽志翰林待詔方孝孺副總裁詔京省開科鄉試遣燕府長史葛誠還燕密有委託　二月都督韓觀練兵於德州命都督僉事耿瓛偕僉都御史景清視軍北平尋召還詔

尊　皇考懿文太子爲興宗孝康皇帝立妃馬氏爲皇后封弟允熥吳王允熞衡王允熈徐王遂賜天下詔曰朕惟盛德不食報者垂慶後昆大位不逮親者追尊宗廟皇考早登儲位參決萬機默施寬仁陰賛至治用錫佑朕嗣登大寶已謚　皇祖考妣而　皇考妣謚號未備心切悼焉謹採群臣議追尊　皇考妣云云擇日祔廟妃馬氏正位中宮共承祭祀封三弟吳王衡王徐王用夾輔邦家夫尊親所以崇孝敬正家所以厚風俗嘉與萬方共臻治理其有懷材抱德士有司禮請來京授以祿位年八十者

各賜米一石肉十斤酒三十斤。九十者加帛一疋綿一斤。所在煢民歲給米三石。戚里收養之。荒蕪田土莫之耕者。即除徭賦。農桑衣食之本。勿奪其時。使得盡力。學校所以作士。備任使。加意風厲焉。生民休戚。係守令賢否。務慎黜陟。義夫節婦孝子順孫五世同居者。勘聞旌表。水旱災傷速開報蠲。軍中孤兒存恤有定例。其年老篤疾者。撫之。願還鄉者。聽。衛代軍民骸骨暴露者。所在官司收瘞。衛所軍戶果絕。即與除伍。民間有篤廢殘疾不克自生者。收養濟院。例支衣糧。著為令。詔下。普天胥慶。群臣請立　皇太子詔曰有天下者公天下朕功未報於先王澤未加於百姓而急於立嗣嗣必以子是重朕不德也其勿言又請曰立嗣必子所繇來久矣早慰天下望幸甚詔曰堯舜夏禹皆黃帝之後更相授受本出一家其事可萬世通行者朕叔濟濟多賢實秉德以陪朕諸母弟具有淳德克襄理道倘數年後卒而神人和協朕於諸叔諸弟中擇其出類者嗣位庶於官天下之中不失家天下之意著爲例世世守之

群臣復請曰　太祖登位之初即立儲宮非私也所以一人心而防禍源若今不定更須後擇恐啓宗室覬覦之

心生小人反間之意其禍有不可勝言者書曰惟口出好興戎願陛下裁察詔曰卿等固請封弟後擇吉立太子申詔親王不得節制文武吏士進封郡主為公主儀賓耿瓛為附馬都尉掌前府事都督僉事宋晟總兵鎮守甘肅以周是脩為衡府紀善留史局

帝欲更定官制會壽州訓導劉亨應詔上言文武並用久長之術六卿秩卑於五府非所以示均降宜並為一品國子祭酒師表天下不當在太僕下武臣子弟宜立學教之使知事上使下之義帝嘉納已與孝孺等大加更定史仲彬上疏以安靜法祖

爲言不宜驟爲更制樓璉既稱孟莊子之孝在不改父政帝曰璉與仲彬皆知一不知二六卿果可卑於五府耶祭酒果可在太僕下耶假令　皇祖而在當必以更爲是群臣勿復言　燕王來朝行皇道入登陛不拜監察御史曾鳳韶劾王大不敬無人臣禮戶部侍郎卓敬上書論劾帝曰至親弗問免民賃舍錢革松番衛　三月丁丑祀先師太學　帝齋戒徃盥獻拜跽禮如　祖廟御彝倫堂錫賜師生有差堂官講顏淵問仁二章　帝問天下歸仁與家邦無怨其旨異同祭酒對以乾道坤道之别　帝曰

自身而家而邦而天下總我一心管攝故一日復禮便家邦天下都歸仁中敬恕工夫政是克已實處自能無怨於家邦非謂家邦不怨我也一時聽者供服咸遂思聖學絃誦之聲遍郊圻焉詔求賢曰朕願海内沐浴淳德泳濡文教用追配虞周而賢士不畢集朕心孔棘焉其開科取士一如洪武制猶懼蓄德之士或少文經世之猷或逸格非薦舉不次無以盡天地所儲該天下所在有司朝夕咨訪轉相上聞用爾朕志　燕王還國未幾遣世子及高煦高燧至京師或沮不宜偕往　王曰往哉令朝廷勿疑也齊

泰請收之。黃子澄不可、輝祖亦勸 帝留之。且言高煦勇悍無賴。異日寧惟叛君。行將叛父。 帝不之信。尋遣還王喜曰、天賛我也、父子得聚、俄北平僉事湯宗、左獲衛倪諒、上變告陳瑛、受燕府金錢、結爲心腹、辭連右布政使曹昱、副使張璉、俱逮下獄、尋編管瑛於廣西、昱削職、璉降銅陵典史、逮燕府中官旗于諒周鐸等伏誅、 帝用齊黃策、勅都督宋忠率邊兵三萬屯開平、凡燕府精壯悉置麾下。都督徐凱練兵臨清。都督耿瓛練兵山海關、召胡騎指揮關童等、在燕府者、悉還京師、調北平永清兩衛官軍屯彰德順德遣採訪侍郎夏原吉都御史暴昭等二十四人巡行天下諭曰卿等承命問民疾苦興廉黜貪務盡厥衷毋負任使意尹吉甫之詩柔亦不茹剛亦不吐不侮鰥寡不畏強禦部使事也京師地震求直言監察御史尹昌隆言奸臣專政陰盛陽微謫見於天　帝惡之故貶徐曰求直言而以直棄之人將不食吾餘復原職既而昌隆復上疏觸忌御史金焦劾其放言肆害斥昌隆為福寧知縣　夏四月召湘王柏於荊州柏自焚死廢齊王榑為庶人幽代王桂岷王楩於其國尋廢為庶人當是時　燕王威名最

盛於諸王最長地勢形便兵力又最強朝廷深疑之齊泰黄子澄徐輝祖卓敬日夜謀防燕會燕長史葛誠教授余逢辰稍洩其謀張昺謝貴馬宣彭二每遇中朝使至輙云宜早爲備　燕王固知之自覩　帝歸即托疾久之遂稱病篤大暑圍爐猶揺首曰寒甚寒甚宫中亦杖而行　帝偵之不之疑也誠與逢辰密告昺貴曰　王實無恙公等勿懈防恐一朝叵測已而僉謀備禦　五月選補儒學官詔天下凡在任未入流官及坐法謫戍已更者但通經薦試俄又詔衛官舉通經軍士聽布按二司試上銓部用

是月以趙諒爲留守左衛指揮僉事時時奉密詔往來軍中　燕王益懼其部下朱能張玉等謀益肆　六月詔讓燕遣中官逮燕府官屬又密勅張信手致　燕王信告母母曰不可若父嘗云王氣在燕分王者不死非爾所能執也信從母言潛至燕邸請見　王疑信伺察陽爲感風不能言故作佯狂狀信曰　王果抱恙守職不二臣奉密詔在此當就執　王驚以實告曰生我一家者子也亟召僧道衍定謀舉事適謝貴等已集兵布城衢圍王城又以木柵斷端禮門張昺約盧振內應一面飛章奏聞會親吏李

友直竊其艸獻府中　王益急即呼王能等率勇士入守能曰易與耳先擒昺貴餘無能爲矣　王曰不如以計取依內官所逮名收下執令內官召昺貴付之將必入入則縛一夫力耳　秋七月壬申　燕王稱疾愈御東殿集官僚設左右伏昺貴不深慮果入入爲左右縛不屈死之燕兵遂起都督指揮使彭二燕長史葛誠俱被害教授余逢辰泣諫死遂奪省城九門都指揮使俞瑱走居庸關馬宣走薊州宋忠率師至居庸關退保懷來留瑱守關　甲戌燕王上書言齊泰黃子澄當誅兵以靖難稱燕山衛儲福

憤不顧身起兵禦敵繼而逃還常州燕殺獲衛指揮盧振夷其族斬賢良方正杜奇江北蝗有司請督捕　帝曰朕以不德致蝗又殺蝗以重朕過臣民其極言朕失俾得改有司其赦疑獄捐逋逃周窮乏以裕實政是歲不爲災更有秋丙子前北平都指揮使馬宣起兵攻燕逆戰不利退守薊州偕本衛鎮撫曾濬整師再戰不克死之靖難兵遂奪薊州襲通州破居庸守將俞瑱走懷來退依於忠　燕王與將士計曰忠瑱共守懷來必爭居庸乘其未至邀擊之甲申攻破懷來都指揮使陳質引師來援敗績還守大

同都指揮使彭聚孫太、力戰死之。僉瑱、宋忠不屈死。指揮敗走。一時將校憤懣死者百餘人。丙戌、永平指揮使趙彝、郭亮叛降、開平上谷守將相繼從叛、而燕勢大振、庚寅、大寧總兵、劉貞、都督陳亨、都指揮卜萬、引兵十萬出松亭關。駐沙河。進攻遵化。靖難兵援救、貞等退保松亭關、亨陰欵於燕、忌萬不敢發、燕王以計間之、貞亨遂縛萬下獄、聞於朝、籍萬家、八月、以長興侯耿炳文爲征虜大將軍、駙馬都尉李堅、都督甯忠爲左右副將軍、帥師北討、曰、朕奉高皇帝遺詔。纂承大統。宵衣旰食。思圖善以安民。不幸骨肉之親屢謀僭逆去年周庶人橚潛爲不軌辭連燕齊湘三王朕以親親之故不忍彰其過止正橚罪餘宥不問今年齊王榑謀逆事覺推問犯者又言與湘王柏燕王某同謀大逆柏自知罪大難逭先自焚死榑已廢爲庶人朕以燕王親最近不忍究今乃稱兵犯闕不得已遣長興侯耿炳文等率師三十六萬往正其罪咨爾中外臣民軍士各宜懷忠守義與國同心永安至治班師之日罰賞不吝祭告

天地宗廟社稷諭諸王削燕屬籍諭誡北征將士曰曾[illegible][illegible]舉兵入京而令其下曰一門之內自極兵威不仁

之極。今爾將士與　燕王對壘。務體此意。毋使朕負殺叔父名。時　帝方銳意圖治。日與孝孺等討論周官法度。以北兵爲不足憂。黃子澄謂北兵素強。且兼有營薊之旅。當急爲防禦河北。又請命安陸侯吳傑、江陰侯吳高、都督指揮盛庸、潘忠、楊松、顧成、徐凱、李文、陳暉、平安等。各率偏師步騎號百萬。分道並進。期直擣北平。檄山東河南山西三省。合給軍餉。赦程濟出獄。擢爲翰林編修。充軍師。護諸將北征。復置平燕布政使司於真定。刑部尚書暴昭掌布政使事。贈故翰林侍制王禕爲翰林學士。諡文節。徵雲南兵入京備征。己酉，炳文師次真定，都督徐凱駐河間，都督潘忠、楊松先鋒駐鄚州。壬子中秋夕，燕王率衆渡白溝河，圍雄縣，破其城，盡殺守陴卒，屠其民。潘忠、楊松兵渡月樣橋接戰，遇伏大敗，被執。燕王遂進至鄚州，奪戰馬輜重。炳文部將張保降燕，言炳文師三十萬，先至者十三萬，分營滹沱河南北。燕王厚撫保，遣歸，詐言兵敗被執，幸守者困得脫，竊馬歸，又令言雄、鄚敗狀，北兵旦夕且至，令河兵北移，得併力攻之，易。炳文信其言，果移南營過河。壬戌，燕至真定，炳文逆戰，敗績，副將軍李堅、寧忠及都督顧成河北都指揮劉燧皆被執、燕兵遂圍城、炳文盡力堅守、燕王解圍、還北平、是役也、内兵戰死幾五萬、溺死無算、遺馬甲輜重亦無算、吳傑帥師援真定、兵潰、九月丁卯、以曹國公李景隆爲征虜大將軍、代炳文還、時帝銳意文治、日與孝孺輩居便殿、事文墨、齊泰黃子澄皆以北兵無能爲、帝不知慮也、至炳文敗績、始有憂色、問齊黃曰、柰何、子澄力薦景隆、遂用之、帝親餞之江上、重爲恩賜、谷王橞自宣府遁歸京、長史劉璟獻策、不報、帝慮遼王植寧王權遁燕、召二王還京、遼王奉命、寧王不至、詔削權護衛監察御史韓郁上書請興滅繼絕釋齊王之囚封湘王之墓還周王於京師迎楚蜀為周公俾其持書勸燕罷干戈之舉厚親戚之誼如是幸甚不聽江陰侯吳高及都督指揮耿瓛楊文帥遼兵圍永平景隆師次河間山東參政鐵鉉督餉仍贊軍務景隆合兵五十萬進營河間燕王率衆援永平高等退保山海關安陸侯吳傑兵潰於真定遁還詔為南寧衛指揮使　冬十月燕兵出劉家口襲破大寧都指揮朱鑑死之寧王權及都指揮房寬皆降燕劉貞陳亨自松亭關引兵來援亨同營州中護衛指揮徐理陳

文襲破貞營貞悔曰吾失斷也不得已浮海還京景隆開燕兵攻大寧引師渡盧溝橋攻北平築壘九門景隆攻麗正門幾破城中婦女並乘城擲瓦石景隆令不嚴驟退城中守益堅都督瞿能父子帥精騎殺入張掖門銳不可當顧後軍不繼勒兵以待景隆忌其功成阻之先是大寧既拔率諸軍及兀良哈三衛胡騎挾寧王入松亭關趣援北平自是大寧棄於垜顏諸虜其行都司隸於保定致京師東南自失一籓籬矣景隆別將攻通州不克　燕王至會州閱將士立五軍各置左右副將以大寧歸附之衆分隸

各軍　十一月景隆移營白河西先鋒都督陳暉渡河而東遇　燕王戰敗績景隆七營合戰皆敗盡棄其輜重拔其衆南奔駐德州既而九門兵盡潰　燕王再上書辨八不軌事尋傳檄天下統兵三十萬誅在朝左班文臣時朝臣不知警懼日究典禮改官名衙而燕勢益振矣　十二月燕閒遼東守將吳高削職徙廣西專命楊文守遼東燕兵攻廣昌守將楊宗以城降岷府典膳李英等有罪伏誅附馬都尉王寧謀叛幽於其家鎮撫曾濬起兵攻北平不克死之河北指揮使張倫率兩衛官軍南奔結盟報國以

練子寧為吏部左侍郎茹瑺復為兵部尚書初令武官更替兵部會五府取旨省躬殿成殿在乾清坤寧二宮間為退朝燕居所置聖訓古書其中以尚父冊書之旨夏書宮室聲色之戒命孝孺為銘閱之　帝賜坐問中庸孟子之深淺對曰子思孟子一脉相傳兩書似無淺深　帝曰孟子言堯舜之道必用仁政是謂法終不可廢也中庸言無為而成不動而敬凡有血氣莫不尊親如必待法行而後服與孔子為政以德之旨尚隔一層孝孺沉思曰如是則中庸深孟子多矣　帝曰孟子見處直截得聖學正傳顧

終不脫縱橫氣習於議論處見之孝孺曰亦時使然耳而其理道後先合一加景隆太子太師徙橚王楧於蘭縣選募勇士以楊本爲錦衣衛鎮撫周拱元爲所鎮撫法司奏今歲論囚視往歲減十之三參贊大將軍高巍使燕以錢芹爲行軍署斷事茅大芳副都御史葉砥翰林編修顏伯瑋知沛罷齊泰黃子澄謝燕尋留京師

建文二年春正月丙寅朔天下官來朝免賀燕攻蔚州遂逼大同李景隆帥師援大同燕兵踰居庸關回南師凍餒死者過半景隆遺燕書請息兵召解縉爲文淵閣待詔

帝聞縉有可憐閒却擎天手萬古雲霄日月高之詩故召左參議楊砥上書畧言帝王之德始於親睦九族今當務惇睦不宜加兵自剪其輔枝葉盡則根本傷矣詔革職是月詔禮部尚書陳廸右侍郎黃觀知貢舉翰林學士董倫太常少卿高遜志等充考試官右拾遺宋逵吉史官吳勤葉惠仲趙友士徐旭張秉彝御史王度僉吉士監試詔均江浙賦人得官戶部詔曰國家有惟正之供田賦不均民不可得而治江浙賦獨重而蘇松準私租起稅特以懲一時頑梗耳豈可長爲定則重困一方宜悉與減免照各處

起科畝不得過一斗田賦既均蘇松人仍任戶部改都察院爲御史府革十三道置察院一詔曰頃以治獄煩興酌易御史臺爲都察院與刑部分治今賴宗廟神靈刑獄頗簡其仍漢制更都察院爲御史府專糾貪殘舉循良匡政治宣教化爲職務忠厚以底治平其省御史員定爲二十八人改景淸爲御史大夫以戴德彝爲左拾遺以黃觀爲禮部侍中掌尚寶司事觀奉命草詔指斥燕王辭甚嚴正

三月丙寅朔日食策試禮部貢士吳溥等一百一十八人制曰聞至治之世論道之盛必以唐虞三代爲準堯舜禹

湯文武數聖人者其德厚矣然所以本諸身發於政事施於民者其後先始終亦可得而言與夫疏親以及疏篤近而舉遠百王之所同也故堯舜之世黎民於變時雍矣以親則有象之傲臣則共鯀之凶將聖人之化有所弗及歟抑爲惡之人有不得而化者歟朕紹承大統每思古先聖帝明王之治將何脩而使家給人足比屋有可封之俗囹圄空虛刑措而不用歟圖治莫切于用賢而患賢才之難致化民莫先於敎學而患禮樂之難典果何疏而使野無遺賢民皆樂於爲善歟茲欲使海内熙皞如唐虞三代時

致之必有其道施爲必有其序諸生習聖賢之說久矣其具於篇朕將親覽焉賜胡靖王艮李貫等進士及第出身有差以靖爲翰林脩撰勅禮部乙榜舉人署教諭訓導事者給俸三年入禮部試如年未三十不願署教者聽　夏四月景隆兵次德州郭英吳傑等兵次眞定約日合師進勦辛丑　燕王率衆渡馬駒南駐武清癸丑景隆師至河間先鋒參將平安至白溝河郭英等自眞定移營保定期會於白溝河燕進至固安乙卯營中暴雨水深數尺巳未　燕王率衆渡白溝河平安伏發邀擊　燕王驚曰平安豎

子往從吾征胡知吾用兵以故敢來先犯吾必擒之
勇善戰雖互有勝負而燕實屢却會都督指揮何清被執
安始收兵還營當是時景隆胡觀郭英吳傑等合兵六十
萬聯營白溝河藏火器一窠蜂揣馬册地中人馬遇之輒
爛燕兵恐甚戰敗迷失道　王從三騎殿後下馬伏地視
河流辨東西始知營在上流倉卒渡河而北得免於難庚
申　燕王復率衆渡河胡騎三百叛降燕燕胡騎指揮省
吉盡擒殺之是日南師戰勝破燕後軍房寬狼狽走正危
急適高煦率精騎衝入合　王接戰兩軍相持都督指揮

瞿能父子引精騎奮躍直前大呼滅燕南軍氣鼓鋒刃所觸俱成虀粉景隆亦麾騎乘後　燕王莫支見玉能丘福陣動又見陣後塵起驚曰敵繞吾後矣急馳赴之督戰甚力而左右惴恐曰敵衆我寡柰何曷退就玉軍得併全力語未已南師益震怒矢石俱發注如雨殺傷甚衆　燕王三易馬三被創持劍奮擊劍又缺折瞿能幾及之　王急走隄登高處佯作麾鞭狀招後繼者景隆輩果疑有伏不敢進　王始率衆馳入陣陣動正倉遑間忽旋風四起折我大將旗南師大亂崩聲如雷瞿能父子力戰死俞通淵

滕聚諸人相繼死。燕王喜曰天贊我也命乘風縱火焚諸營於是郭英潰而西景隆潰而南委棄輜重器械等畜萬萬計其所賜璽書斧鉞盡爲燕獲溺死者幾二十萬人燕王追至月漾橋降十萬餘人景隆單騎走德州時徐輝祖承命帥師來殿獨全軍以還壬戌燕兵攻德州 五月辛未景隆自德州奔濟南癸酉燕將陳亨張信帥銳卒入德州奪軍餉百萬轉掠濟陽儒學教諭王省死之參政鐵鉉參軍高巍自臨邑還守濟南丁丑 燕王率衆趨濟南景隆出戰敗奔入城被圍攻之急鉉巍等痛哭誓師悉力

防禦大挫燕衆　燕王射書招降生員高寧賢作周公輔成王論答刺之請罷兵辛巳燕隄水灌城城中大懼鉉曰無恐計且破之不三日遁矣令登陴人咸哭哭而呼曰旦日且降盡輟守具出千人於城外伏地請降又請兵稍退得全生靈言畢又哭哭甚哀　燕王信之是時　王在軍逾年往來戰守甚苦僅據永平保定北平三府其他縣旋破旋守無一堅降者一聞濟南降喜曰斯中原要地得濟南可斷南北即金陵難下畫中原自守亦可徐圖江淮遂下令退軍受降軍中大喜呼萬歲鉉令懸鐵板城門上伏

壯士闉堵中約　王入城呼千歲遂下鐵板撥橋乃遣人
請　王入撫諭　王果乘馬張盖率勁騎渡橋而入比入
門門役即呼千歲鐵板急下僅傷　王馬首　王大怒攻
益急鉉與巍隨機應敵募壯士突擊且累獲勝都督僉事
朱榮棄師遁還伏誅改史仲彬爲徐王賓輔兼原官詔各
王府賓輔及伴讀伴講進對不稱臣用賓師之禮　六月
八百媳婦國入貢遣監察御史周觀政監徐州兵遣尚寶
司丞李得成使燕議罷兵　王不許　秋七月都督平安
率兵次畧家橋欲分兵出御河奪燕餉舟既而偵高燧出

軍艮鄉遂未進 八月燕王圍濟三月不下憤甚計無所出以僧道衍言解圍還北平鉉庸遂復德州諸郡縣逐燕將陳旭遁歸繇是兵威復振朝廷又不復以燕為意矣改謹身殿為正心殿置學士一人罷華蓋文華武英殿文淵東閣大學士各設學士一人改方孝孺為文學博士承天門災未幾乙字庫災詔求直言 九月承天門成改為皐門遂改午門為端門端門為應門前門為路門徵洪武中功勲誤廢者子孫録用之 冬十月置威武中衛募壯士清遠戍卒羅義上書言息兵講和事并錄上北平書言吏

齊以國相讓去隱首陽聖賢欲成天下之志必先明順逆之理成敗之勢禍福之機又得天道之宜人心之安然後可今殿下以藩封犯朝廷即倖成猶爲不祥況萬難無一易哉宜謹守燕土以安臣職朝臣且惡之議下獄賞濟寧功封盛庸歷城侯克平燕將軍陞鐵鉉左布政使尋陞兵部尚書仍叅贊軍務召景隆還赦不救黃子澄練子寧固請誅之不聽申詔諸將無使朕負殺叔父名平安却靖難兵於鏵山殺其驍將陳亨時安與吳傑駐定州盛庸駐德州徐凱陶銘城滄州相爲犄角困北平燕襲破滄州執徐

凱程暹等械至北平燕將譚淵夜殺降卒三千人獻縣知縣集民衆與譚淵迎戰懷印死於陣以盛庸爲平燕將軍充總兵官節制諸軍陳暉平安爲左右副總兵馬溥徐眞爲左右叅將鐵鉉總理軍務督師北進　十一月庸駐德州　燕王移直沽之舟至長蘆載所擄輜重順流而北自率衆循河而南庸遣兵襲其後不克　燕王遂至臨清掠大名焚燒軍餉　十二月燕兵至汶上復掠濟寧庸鉉率兵躡其後營於東昌遣先鋒孫霖營滑口燕將朱榮襲破其營都指揮唐禮被執營走乙卯燕至東昌誓衆大戰庸

背城而陣具列火器藥弩以待燕師屢勝直衝其左翼不動退而衝其中堅庸麾兵圍　燕王數重會平安兵亦合庸益銳戰益力斬其大將張玉燕衆股慄多棄甲投降朱能率胡騎奮擊我東北角致西南漸薄　燕王易服奮躍以出兵衆爲火器所乘踉蹌奔走庸趨兵追之擊殺無算丙辰再戰燕再敗步卒先走庸乘之復殺傷無算北平震動是役也庸鋐聞燕兵且至先簡閱精銳勵衆誓師激以大義故人人思奮遂獲大勝出師所未曾有也當燕敗北際　王特　帝禁每以單騎殿後諸軍不敢飛矢相加故

得免於難既而　燕王退駐館陶庸遂傳檄眞定滄德諸將水陸犄角邀　王歸路是月詔舉優通文學士勅方孝孺同唐士愚等集古初經史中事爲一書以致治亂昭鑒戒

建文三年辛巳春正月朔辛酉凝命神寶成其文曰天命明德表正萬方精一執中宇宙永昌　帝以是告　天地祖宗宣布遐邇百官稱賀大宴於奉天門頒賞四夷朝使辛未大祀天地於南郊明日宴慶成群臣賦詩歌頌詔頒示天下歷城侯盛庸獻京邑之捷　帝喜傳諭天下享告

太廟。燕王還北平。工部尚書嚴震直督餉山東。召齊泰黃子澄職、仍預軍國事、二月乙未、燕兵南下、駐於保定、衆將欲攻定州、王不可、曰吾野戰則易成功、攻城難於收效、況彼軍相爲犄角、攻城未拔、頓師城下、必合勢來援、勝負未可必也、莫若擊保定、盛庸帥師二十萬駐德州、約吳傑平安出眞定攻北平、三月盛庸師至單家橋營於夾河、燕衆掠其陣、陣傍火車、火銳強弩、戰盾周匝不可動、乃退、庸出千騎追之、燕率萬騎直薄庸陣、陣堅終不可動、燕以步卒攻左掖騎兵、擣中堅、庸始揮諸軍迎戰、斬燕將譚淵董眞保等。燕王更以勁掩庸陣後、朱能張武等、從王合戰、庸軍火器不及發、戰盾又中鐵鑽、相牽不能先後、遂却、都指揮莊得。皷將楚智。皁旗張等力戰死之。迨暮各斂兵入營。王以十餘騎逼庸陣、野宿、明日引馬鳴角、穿營而去、將士相顧、遲疑不發一矢、以帝旨毋使殺叔父故也、既還營、復嚴陣約戰、燕陣東北、庸軍西南、自辰戰至未、互有勝敗、稍息、復起相持、庸兵氣正銳。忽東北風起、塵埃漲天、沙礫擊面、庸軍昏瞶、不辨咫尺、燕兵大呼乘風縱左右擊、庸軍大敗。燕王又喜曰、天贊我也、追至滹沱河庸還德州癸未眞定諸將平安等率師至單家橋甲申與燕兵大戰擒其將薛祿已逸去復戰陳暉不援安敗績閏三月乙未燕兵掠眞定吳傑移軍滹沱河　燕王令騎兵過河上流步卒輜重從下流渡遇傑兵不戰傑移營藁城　燕王來合戰互勝負己亥傑安列方陣西南燕攻其東北　王親以驍騎循河出陣後傑安發火器大弩射　王下如雨矢集旗草叢於蝟毛竟不及　王恃安於陣間縛樓高數丈安登望見內軍勝大喜麾諸軍力戰無不一當十　燕王見安登樓率精騎直趨攻樓安不自恃

正氣巳　卷一　本紀　廿九

急下樓墜而走又會大風發屋拔樹衆皆驚駭傑軍亦亂燕兵乘之殺傷無數都指揮鄧戩陳鵬等俱被執安傑還真定己酉燕兵掠順德廣平大名遂次於大名復謫齊泰黄子澄諭燕罷兵　燕王上書請召還德定諸將　帝覽書嘆曰燕王本　皇考孝康皇帝母弟於朕爲叔父奈何必用兵爲也召孝孺諭意對曰今諸軍大集燕兵久羈大名暑雨爲沴不戰自罷急令遼東諸將攻永平真定諸將渡盧溝橋擣北平彼必顧巢歸援我以大軍躡其後必成擒矣我固欲緩之彼奏適至宜即與報書往返逾月彼心

懈而衆離、我謀定而勢合。帝曰善。立命孝孺草詔、遣大理少卿薛嵓持報燕、又爲榜諭數千言、刻印萬張、授嵓令至燕軍中、密散諸將士、嵓奉命抵燕、王問帝意云何、嵓曰、朝廷諭殿下旦釋甲暮即旋師。王怒曰、是紿我也、嵓惶懼不能對、燕將士欲害之、王不可、令護送南還、夏四月、嵓至自燕、言燕軍強盛、孝孺惡之、曰此爲燕遊說也、吳傑平安盛庸出兵扼燕餉道不克、五月、燕遣指揮武勝上書於朝、言吳傑等違旨出兵、帝覽書、復召孝孺諭意、欲止兵、孝孺對曰、陛下即欲罷兵。兵一散。豈易復聚彼或長驅犯闕何以禦之願陛下詳察詔下勝獄六月辛酉燕遣將李遠南掠餉道壬申至濟寧因其無備極肆焚掠至沛尤甚前後燬漕艘萬餘糜粮無算河水盡熱運卒逃散京師大震壬午都督袁宇率兵三萬邀擊袁中伏敗績時觀海衛指揮張壽痛國事危急憤言其弊坐罪論死自是朝臣皆箝口遣太僕少卿祝孟獻使朝鮮市馬

秋七月燕兵掠彰德都督趙清禦却之燕兵破尾尖寨平安率兵攻北平燕衆還次真定州平安邀擊燕將劉江於平村戊戌　帝命方孝孺草詔遣錦衣衛千戶張安賚

書燕世子令歸朝許王燕地既而燕測其謀王寬大同參將房昭率軍取保定駐水西寨期進攻北平　燕王聞之即日還兵援保定是月監察御史金焦上戰攻守三策擢爲刑部右侍郎　八月丁巳　燕王渡滹沱河留將孟善守保定丙子真定總兵遣都指揮圖諒率兵餉饋援房昭丁丑　燕王圍西水寨遣別將朱榮圍定州是月老撾入貢　九月平安攻北平不克還次真定甲辰　燕王攻定州倭寇浙東　冬十月丙辰真定都督指揮花英鄭琦率步騎三萬援西水寨　燕王自定州馳還英列陣峩眉山

下、燕兵潛出陣後合戰、英瑜敗、與都指揮王恭詹忠皆被執、房昭常諒走、英自殺、琦恭忠死於獄。燕王還北平、翰林脩譔王艮聞北兵漸迫。憂怛不食而卒。事聞。遣禮部侍中黃觀諭祭於家。　十一月、遼東總兵楊文攻永平不克。復攻昌黎、遇燕將劉江、戰敗、一時被執者王雄等七十一人、平安戰敗燕將李彬於楊村。韃靼通燕寇鐵嶺、　皇少子文圭生、詔內官出使。不得放縱。犯者許有司檢送京師。自是奄寺氣沮。密謀戴燕、謂須直擣京師、天下可定。　燕王從其議、故正位後、不次擢拔、　十二月丙寅、燕衆復出北平、帝勅駙馬都尉梅殷募召淮南兵民四十萬、鎮守扼燕既而燕王遣書以進香爲辭殷怒峻辭拒之、割來使耳鼻曰留爾口回去說知燕竟不敢過淮復勅徐真馬溥爲左右府都督充參將帥偏師北進防燕兵日南是月、

太祖高皇帝實錄成、

建文四年、壬午、春正月、甲申朔、命魏國公輝祖率京軍往援山東都督指揮葛進率步騎渡滹沱河遇燕將李遠於槀城戰敗都督平安復通州不克指揮賈榮等敗於衡水、

燕王攻破東阿、及東平、指揮詹景被執、吏目鄭華死之。燕攻汶上、與沛縣指揮王顒叛降、知縣顏伯瑋及主簿唐清典史黃謙死之。伯瑋子有爲慟哭自刎。初設京衛武學。遣兵部右侍郎徐垕招集兩浙義勇。以祭酒張顯宗爲工部右侍郎、募兵江西。燕兵至徐州、諸將戰捷、勒碑叙績。二月、諸將集濟寧、餉卒潰於鄒縣、燕兵復攻破徐州、內官段實不屈死。　三月甲申、　燕王自徐州攻宿州、入蒙城、都督平安統精騎四萬追躡、戰於淝河、敗績。胡騎指揮林帖兒疐鬼里戰死。安等復結陣宿州。燕將譚淵斷徐州餉道、尋攻破蕭縣，知縣鄭恕死之。夏四月甲寅，平安師營小河，張左右翼緣河而東，與燕兵大戰，勝之，斬其大將陳文、韓貴。再戰，又斬其大將王真。真，勇將也，王嘗曰：「奮勇如王真，何功不成？」至是被戮。王憤甚，督戰益力。安奮怒，操長槊馳追，幾及，忽馬自騰蹶，王竟得脫。安嘆曰：「真天命也。」燕卒大懼，議還北平。甲戌，魏國公輝祖引師來援，會何福軍亦至，與燕戰於齊眉山，自辰至午，內師再勝，斬驍將李斌等十餘人。會大霧，斂兵還營。先是燕喪陳文、王真，繼而折斌，衆無所恃，懼甚，即欲北還，不敢顯言，請漸退小河

東。就麥。何釁徐勳。朱能鄭亨、力言渡河非計、 王聽之下
令欲渡河者左、不渡者右、諸將皆趨左、 王怒曰、若是事
去矣、任爾所之、諸將乃不敢言、是時、 王實內懼、不解甲
三日矣、會京師傳言燕兵北歸、 帝以京城不可一日無
師、召輝祖還、何福孤軍無援、遂不能禦、蓋兩軍相持貴進
忌退。彼勸進。此召還。與亡之機、決矣、丁丑、平安營於靈璧。
燕王遣萬人遮餉道、令高煦伏兵林間、安率軍護餉、燕至
斬燕兵千餘。 王揮步軍縱擊、橫貫其陣、斷爲二、遂亂、何
福出壁來援。與安合擊。復斬燕兵數千。卻之。高煦伏起。

王還兵掩擊其後福遂敗奔入營堅守下令明旦三砲突圍出師就粮淮河至翌晨燕三震砲攻營福軍誤謂已砲競趨門塞不得出營中自擾人馬墜濠塹幾滿營遂破指揮宋瑄力戰死福單騎走都督平安陳暉馬溥徐真都指揮孫成等禮部侍郎陳性善大理寺丞彭與民欽天監副劉完伯指揮王資等百五十餘人皆被執性善死之自是内鋭師盡失黄子澄聞之撫膺大慟曰大事去矣我輩萬死不足贖誤國罪河南參政鄭居貞率師勤王被執偕侄道經死　五月遼東總兵官楊文帥師至濟寧潰於直沽

巳丑、燕王至泗州、守將周景初、以城降、辛卯、盛庸率馬步騎數萬。戰艦數千。列營淮南、燕衆營淮北。王命朱能將驍騎、以小舟潛濟、庸未之覺也、及近營、舉砲、衝突其陣、庸始駭而走、遂渡淮、克盱眙、兵部主事樊士信死之。是時諸將分屯淮鳳、嚴遏燕衆。王欲從淮取道、阻於駙馬梅殷。欲從靈璧出鳳陽渡河、而知府徐安毀橋斂舟、殊難卒渡。王乃率衆徃楊州、至天長、守將崇剛、監察御史王彬死之。遂乘勢克儀眞、立大營於高資港、掠舟渡江、朝中始懼。詔天下勤王。曰、燕兵將犯闕。中外臣民坐視余之困苦而不救乎。凡文武吏士。即日奮義。共效勤王。宗社存亡。不敢忘報。遣刑部侍郎金有聲禮部侍中黃觀翰林修撰王叔英等分道徵兵入援。觀等奉詔。奮不顧身。然已無及。復召齊泰黃子澄。敕蘇州知府姚善寧波知府王璡率師來援。是時朝臣莫知所措。茹瑺曰。事迫矣。得骨肉之親往許割地。可稽數日以俟援兵。相與決戰江上。北兵不長舟楫。事未可知也。乃以　太后命。命慶成郡主。往請割地分南北。　燕王笑曰。直緩我耳。行將與諸弟妹相見。毋多言也。敕刑部尚書侯太轉餉淮安。是月徽州知府陳彥回樂平知縣張彥方、前丞清典史周縉俱糾衆勤王。六月癸丑、魏國公輝祖、開國公常昇帥師與燕戰於浦子口、敗之。盛庸諸將逆戰又敗之。王因敗且欲北還、會高煦引胡騎衝至。王撫背勉勵、煦殊死戰、庸軍少卻。帝遣都督陳瑄率舟師援庸、瑄乃叛降。兵部侍郎陳植督師江上、爲麾下金甚所殺、率衆降燕且邀賞。王怒而誅之、命具棺歛植、遣使送葬。王得陳瑄舟、卒遂渡江。庸率海艘出高資港、嚴陣以待、既而敗走。兵部侍郎邊昇戰死。鎮江守將童俊送款。王益喜之。庚申、至龍潭。帝遣景隆、茹瑺、王

佐如燕議和不許　帝憂懼無計問孝孺曰奈何對曰城中尚有勁兵二十萬糧食器械俱備盡撤城外屋舍驅民入城共圖固守以待援兵內外夾擊決一死戰尚可成功倘不如算車駕或幸荊幸蜀收憤激之人心集散亡之士馬不難轉敗爲功　帝然之命谷王橞安王楹分守都門癸亥再遣景隆同諸王如燕以君臣上下之義爲言　王曰勿多言不得奸臣吾必不已　帝聞之愕然衆臣請幸湖湘或幸浙海僉謀不一方孝孺史仲彬金焦等請效死勿去帝深以爲然勅魏國公常國公分道出師禦敵甲子

遣人齎蠟書四出趣援兵爲燕騎獲乙丑燕兵圍金川門時　王雖駐龍潭猶冀京城鞏固四方勤王師至内外夾攻故日夜爲禦備計至是覘知軍民緩散守禦無策喜曰師可速進矣遂上書　皇太后言不得已起兵之故爲討賊輔成也時谷王橞與李景隆守金川門會　燕王至遂開門迎附北兵遂入京門卒龔詡慟哭去之京師大譁魏國公徐輝祖率師巷戰敗績百戸平元奮力戰死御史連楹迎　王馬首大聲數之被害刑部主事劉原卿率家僮數十人巷戰死兵科給事中龔泰刑科給事中葉福工

部郎中韓節俱投城死太常寺少卿廖昇高遜志僉都御史程本立皆經死戶部侍郎郭任編修兩忠觸柱死鄒瑾魏冕等自殺兵部郎中譚翼赴火死衡府紀善周是脩哭拜　先師自經廡下一時死者遁者不可勝數先是左都督徐增壽謀內應事洩大理寺丞鄒瑾率同僚諸人毆殿前毆之幾死大呼請速加誅臣等不與此賊俱生　帝猶不忍至是始手戮之欲誅景隆叛亡矣　帝知城中奴潰諸臣相繼死亡即欲自殺程濟告以出亡可免難　帝遂變服遁去須臾宮中火起內臣有服冠冕圭袍赴火者

皇后馬氏率妃嬪自焚一時相傳　帝崩時六月十四日也丙寅、燕王肅清大內詰問　帝所在、宮人指焚骨應、焉、　王乃出屍煨燼中伏而哭曰、小子無知乃至此乎遂用翰林王景議爲　帝發喪治葬命如禮翰林文學博士方孝孺衰杖哭闕下　帝位虛三日巳巳、　燕王謁　孝陵還、卽位壬申以天子禮葬　建文皇帝

逸史臣曰、　帝爲太孫時博學喜文事必法古仁明孝友聞於天下及卽位獎用儒臣愛民成俗三年之內幾致刑措道不拾遺誠賢君也而諸王不法裁抑無術復

牽制文蘓。優柔不斷。緩急失時。以致身亡國亡。爲天下

後世悲。果天使爲之歟。甚哉。乾剛。所以爲君德也。

遜國正氣紀卷一終

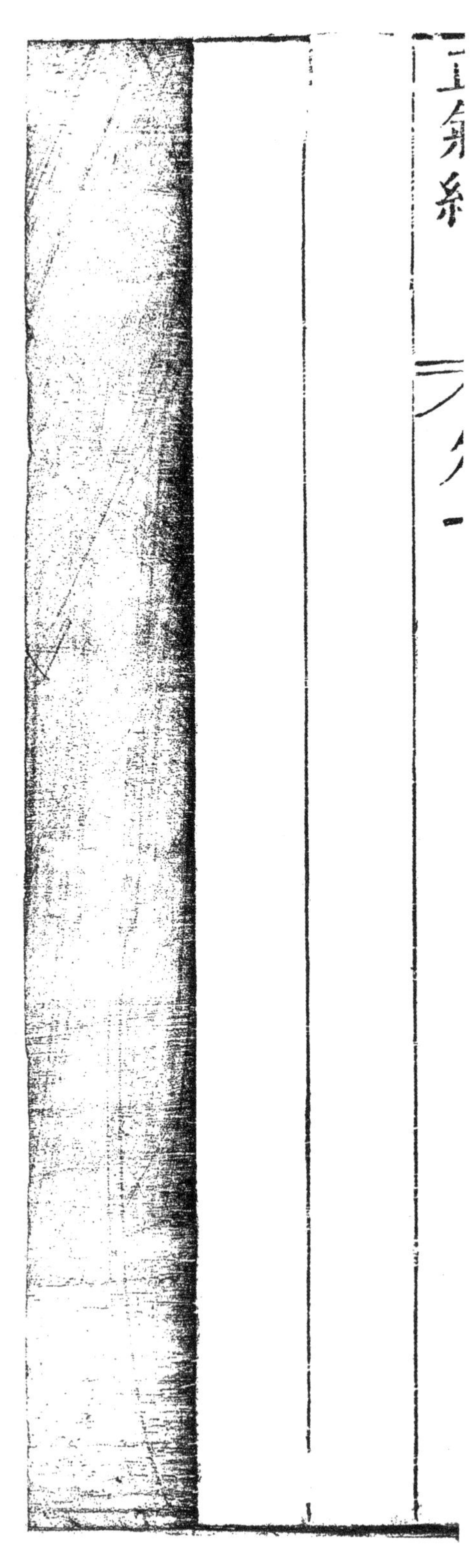

遜國正氣紀卷二

逸史臣曹參芳輯著　同郡後學劉襄𢍰較閱

讓皇帝外紀

建文四年壬午、夏六月、丙寅、靖難兵犯闕、

皇帝倉遑莫措。嘆曰。敵兵四出。朕足不能行。奈何。翰林編脩

程濟曰、非常之變。須以非常變通之。臣素習遁甲。出南方

吉。帝從之。適少監王鉞曰、昔

皇祖升遐時、有遺篋。命臨大難啓視、謹藏奉先殿左、今其時

也、群臣急請出之、俄而舁篋至、四圍固以鐵、二鎖亦鉄灌、

帝見而大慟命碎之內度牒三紙應文應能應賢名釋帽緇衣鞋刀具附白金十錠有朱書應文從鬼門出餘從水關御溝分行暮會神樂觀西房　帝泣曰數也可柰何吾

皇祖天人也禮拜畢立召主錄僧溥洽祝髮領應文一牒以名與　帝符故適吳王教授楊應能在側因名與牒符願受監察御史葉希賢曰臣名賢應賢無疑稽首受牒各祝髮濟袖出黃冠自易群臣悉其事者五十餘人　帝泣曰我去爾諸臣柰何御史曾鳳韶曰頃即以死報　陛下矣帝麾諸臣大慟是夕御史給舍郎縋城而去者四十幾人

當以死報者語在正紀　帝與程濟梁良用等九人潛至鬼門牛景先用鐵棒擊之不奮力而啓隨出門有舟待岸帝疑之舟人跪告曰臣神樂觀道士也即前　御賜名王昇是　帝問曰爾何之對曰昨臣夢　皇祖緋衣御奉天門命兩較尉促臣曰旦日午時可牽舟抵後湖鬼門候出者匆洩洩且亟爾臣故候此　帝訝嗟良用掖　帝登舟鼓櫂而行至太平堤回視　帝淚如雨下奮身躍朱雀橋死　帝遣招曰卿等何遽死濟曰　帝在臣何敢死遂同至觀薄暮矣正疑懼間應能希賢十三人至共二十有

二人工部侍郎廖平、刑部侍郎金焦、翰林編脩趙天泰、程濟、侍讀史仲彬、待詔鄭洽、浙江按察使黃直、四川參政蔡運、御史葉希賢、刑部郎中梁田玉、中書舍人梁良玉、梁中節、宋和、郭節、刑部司務馮漼、鎮撫牛景先、王資、劉仲、教授楊應能、欽天監正王之臣、太監周恕、何洲是也。　帝命環嚮坐曰：今後勿拘常儀，但以師弟稱。衆稽首泣。諸廖平曰：隨行不必多，第無家累者強有力者俱，餘則遥相應援以濟緩急。　師是之，酌定左右侍側者能、賢、濟三人，往來道路給衣與食者馮漼、郭節、宋和、趙天泰、王之臣、牛景先六

人　師曰吾欲往滇南依西平侯衆意云何仲彬曰大家勢重耳目衆多新主豈無偵伺者曷若往來名勝中東南西北皆吾家也弟子給資糧備旦夕需朝夕相依何不可　師曰然自是更舉七家廖平黄直鄭洽郭節王資梁良玉史仲彬是也翼日昧爽景先偕仲彬步至中河橋謀載適仲彬家偵舟泊通濟橋間遂迎　師同載仲彬與希賢應能程濟鄭洽凡五人從餘散走期月終聚當是時迎附新主者茹瑺景隆居前繼以吏部侍郎蹇義戸部侍郎夏原吉兵部右侍郎劉儁左侍郎古朴劉季箎大理寺少卿薛

嵓翰林院學士董倫侍講王景脩撰胡靖李貫編脩吳溥楊榮楊溥侍書黃淮芮善待詔解縉給事中金孜幼胡濙吏部郎中陳洽兵部郎中方賓禮部員外宋禮國子監助教王達鄒緝吳府審理楊士奇桐城令胡儼等皆一時名臣也咸稽首請正大位楊榮曰臣請陛下今始入城當先謁陵乎先入廟乎　王啞然曰非若言幾誤乃事矣因是謁陵後御極茹瑺首入殿賀　文皇呼之曰瑺吾今日得罪於　天地　祖宗柰何瑺叩首曰陛下應天順人何謂之得罪　文皇大悦進瑺忠誠伯遂革除建文年號

遷　興宗孝康皇帝主陵、仍稱懿文太子、徙　呂太后於懿文陵、改封吳王允熥爲廣澤王、衡王允熞爲懷恩王、徐王允熈爲甌寧王、尋降爲庶人、後皆暴死、幽少王子文圭於廣安宮、廢爲匡庶人、牓揭左右文武班官五十一人、皆曰奸臣、以文學博士方孝孺爲首、尋出賞格、徧收族誅、時師已去江濆、聞之、仰天大呼者三、曰天乎我何罪至此乎、過矣、繼繇丹陽抵吳江黃溪、八日至仲彬家、彬迎　師於別所、西扁曰清遠軒、衆出拜、明旦、　師改題曰水月觀、自篆其文、尋感賦曰、細雨披楊起綠烟、水波如織影迷簾、鐘何處偏來耳不似西宮奏管絃越三日諸弟子來會聚五日命各歸省吳成學亦至巴祝髮自稱雪菴和尚願負擔　師不欲多人命辭去以詩送之八月十五新命追仲彬誥敕縣丞鞏德來　師率賢能濟逸去至京口渡江宿六合草舍濟抱　師足侍寢盡出葛衣爲衾　師倡詩濟賢能各成聯句繇是過黃湓宿居民佘德華家德華上食甚恭謬稱皇帝老子諺語也　師大驚遂去建德迤邐抵襄陽訪廖平撫太子奎曰吾僧也汝當易姓太子年方七齡牽衣哭之欲相隨　師不許之王之臣家平復寓　師

於西山中。景先亦至。居無何。平舉家逃徙。 師留景先生山中。自與賢能濟入蜀。至夔州遇馮漼於途。漼邀 師宿村館三日。時漼以章句訓童子也。

癸未永樂改元春正月、 師大恚投滇之永嘉寺。時良玉死海南、 師命漼探廖平踪跡。六月漼來并以良玉死事告、 師賦詩哭之。甲申春正月、 師去滇。三月至襄陽。就景先於西山。五月命景先入吳會仲彬。六月離襄陽。秋七月、師繇池上抵廣德州。八月至仲彬家。信宿辭行。彬驚問奚速。 師曰。渠方覓我。而圖我。昨道間遇一冠盖。瞪目相視我固疑之速去實爲汝也遂相謁大慟彬隨進緇衣履雜項　師受之與濟先行賢能仲彬景先以次會於吳山師蹤跡杭之淨慈寺依僧聯師俟衆至偕遊湖山諸勝聯師十高僧之一也　師出像遺之禿而髯頭骨碗然曰髯不可剃剃則刀捲其口至今傳之景先卒重九　師遊天台鴈宕周行三旬有九日遇焦滄仲咸集會　師於石梁閒遇已祝髮爲雲門僧稱稽山主人滄稱壑翁焦號浦叟仲留寺中以老　師遇廖平於耶溪平因變姓名爲耶溪樵冬十一月　師離台州時趙天泰號天肖子卒於蜀

巳酉二月、 師至重慶雪和尚結菴於善慶里遂留居焉因題其菴名、三月 師病痢雪和尚進栢葉丸三服而愈。六月將往雲南命濟筮之、得乾之姤曰姤遇也一陰初生。恐遇偵伺之人巳而聞胡濙鄭和果往來雲貴間、遂止九月鄭洽訪 師於蜀道病留公安卒冬十月黄直至留三日別、 丙戌三月 師別雪行夏四月至西平侯沐晟家投五華山登梵宮獅子座時嚴震直以使事過滇遇 師於途、 師驚避震直曰無駭嗚咽數語夜吞金死、 師泣曰震直戕影以全我也抆淚而去後抵晨家未十日且聞豳寧王允爔暴卒。晟恐。請師遁。五月。能賢結茅於永昌白龍山。師喜而居之。丁亥三月。師不豫。濟煮柘葉湯療之。五月。仲彬何洲道裝至。連州訪郭節。適故翰林程亨在焉。因同入蜀。至善慶里。問無其人。遂分行遍覓。募乞數旬。復偕入滇。秋七月至滇中。偶歇寺左。逕望黃冠來。方欲審問。及視之。濟也。時濟出乞食。故遇之。共相悲感。乘月同行十九里。至白龍山。而天巳曙矣。先是師慟念方黃諸臣。抱病經年。始愈。四人見師。骨立。皆環泣拜榻前。有頃。訢所懷來。各獻方物。師歿之日。不嘗此三年矣。翼日。師率彬等遊庵傍諸山、自近及遠、遞相倡和、八月、節亨洲二人辭去、彬獨留十月、　師復聞朝臣受戮、遁僚泣曰、諸臣皆爲我也、親爲文祭之曰、余德不諒兮四海沸、骨肉相殘兮覆宫闕、漆身吞炭兮溝中瘠、株連蔓勦兮無休息、爾忠魂兮控天、知我泣彼黄泉兮血淋漓、　戊子三月、仲彬辭行、　師囑曰、今後勿復來、道路險阻一難、關津盤詰二難、竄逐暮景三難、來何裨我、且爾心力竭矣、彬叩首曰、臣心政未竭也、相與慟哭失聲、六月、菴災、七月、濟出募葺菴、道者張靜成之濟、筵得小過之旅、曰、鳥焚其巢、不久殆毀乎、十二月、焦偕直雪至、　己丑春、　師東行、留賢能守菴、濟及焦雪直從、三月至善慶里、雪留、五月遊襄陽、詢知廖平徙蜀、　庚寅三月還菴、習靜空諸所有。　辛卯春、有司毀其菴。　師去白龍山、夏四月、至浪穹、賢能募建菴、菴成、濟筮得剝之坤、曰剝極而順。吉卦也。能戰之辭。有咎慎之。壬辰三月、應能卒、夏四月、希賢卒、　師慟、連喪、並葬菴東。隨納弟子應慧、十一月、淮直來訪、　癸巳春正月、辭去、五月、濟慧從　師南行、六月、還菴、納弟子應智、七月、鑄應明鐘。　師為銘篆之。　甲午秋、師學易數、適焦至、講究甚詳、師是之冬十月應慧死納弟子辨空　乙未三月　師夢賢能設奠哭之夏四月　師出遊道逢潅亘留其主家數日八月與濟遊衡山還訪潅潅亘已去滇　師即行偶宿蕭寺見廡下有二病人熟視之潅亘也因留調治未幾俱死　師哭葬於寺東題其石曰兩忠之墓十月還菴立從亡諸死臣主於舍東祀之　丙申冬命濟述從亡殉難諸臣傳藏之巖石親撰文序之　丁酉二月別築靜室於鶴慶山中六月雪和尚卒七月雪和尚弟子了空來言雪已故　師悼之十一月前臣胡濙鄭和至滇蹤跡　師恐潛

徃衡山作慷慨歌曰我行自東山深海窟虎跡蛟蹤我行至南地炎河乾渝楔巢環我行至北黑霧毒靄燭龍沉色我行至西陰雨霏霏兮矢野施我傷我惶何道可行噫嘻何道可行　戊戌三月　師欲之黔四月至金筑安撫司君羅榮寨之白雲菴題二詩於壁為之鑿井而手植杉於傍至今井木猶存五月命濟圃　師作菜根歌曰菜根青兮菜色辛兮菜兮菜兮似余情兮　己亥　師註楞嚴法華諸經自署曰文和尚九月命濟再侖道詣書不果　庚子秋七月偕彬來訪至鄭洽及通州郭節家皆不知　師

所在、乃隻身往滇、既而之白龍山覓菴不可得、痛哭[illegible]十月、師偕濟遊蜀、登峨眉、吟曰、登高不耐東翹首、但見雲從故國飛。十二月、師還鶴慶菴、頃之、兩比丘引仲彬至、師問彬何來、對曰、弟子自白龍山奔求月餘、無跡、忽值比丘緣也、感愴備至、既聞賢能相繼死、益大慟、奠於墓前、越月遣歸。辛丑夏四月、師復入蜀、七月去粵、遊海南、八月、師寓橫州壽佛禪寺、故禮部樂章之父樂善以爲異僧、從受浮屠法、師嘗手書其額於寺門、冬十月還菴、十一月、偶欲避跡、蓄髮爲道士、讀太玄莊老、深契老子虛無因應莊蒙洸洋自恣以適已之旨　壬寅春遣空智主鶴慶靜室　別居淥泉曰泉水長逝兮余將何之　癸卯二月偕濟遊楚登章臺吟曰楚歌趙舞今何在惟見寒鴉遶樹啼六月遊漢陽登晴川樓望遠悲傷有江波猶湧恨林靄欲翻愁之句七月留大別山遍遊十餘旬洸洋自適　甲辰二月東行遇仲彬於道聞榆木川變訝嗟久之彬問　師近況曰頗健飲饑飡倦眠耳明日發江南瓢笠相隨暨屋而食冬十月抵彬家信宿彬族人名弘者猝入識之稽首流涕問所從來行境　師指濟曰虧這弟子險阻

相依周旋不貳二十年來戰戰兢兢無有寧息語未已大慟徐曰今或可稍寬假矣弘復安慰之問所欲往曰將遊天台諸勝弘因顧僃一日之積負擔相從居數日　師別去弘送至杭十一月　師偕濟遊寧波渡海既聞　仁宗改元詔赦奸黨族屬仰天合掌者三

乙巳洪熙元年也春正月朔　師謁大士於潮音洞作大士頌曰以音觀音音何所起以觀觀觀玅明無跡五月復過彬地擬往祥符浦江彬送之江上聞　洪熙升遐嘆曰天何奪我仁人速也有頃別仲彬去十月縣閩粤還山十

二月鈌食命濟出亡

丙午宣德改元三月　師命濟往河南覘王貲金焦六月濟還知焦貲已卒八月祭從亡諸臣於菴九月廖平卒於會稽冬十月聞諸殛漢王曰嗟乎忍殺叔父乎　丁未二月　師移居鶴慶之靜空命空智還居浪穹夏四月　師復祝髮八月滇寇亂　師與濟入蜀冬十月宿永慶寺詩云扶錫南遊歲月深山雲水月傍閒吟塵心消盡無些子不受人間物色侵　戊申春聞仲彬以從亡故獄死　師哭之慟遂祭之秋遊黃牛磯吟云山猿夜泣湍波急樹上

霜紅含淚色，雲愁烟慘雨冥冥，野老吞聲談故國。冬十月，遊漢中，遇廖平弟年，乃悉平死。太子奎納平妹三年矣，師甚念之。己酉五月，還浪穹，菴已燹毀。六月，至鶴慶山中。九月，師復蓄髮。庚戌夏四月，師欲廣菴，命濟出募，士紳助之。七月，菴成，師顏之曰潛志軒。辛亥二月，遊陝，歷瞿塘、劍閣，觀秦漢舊址，悲傷久之，與濟言曰：古今興亡大都如是。七月，還蜀。九月，至夔，絕糧，二黃冠給之。壬子春正月，師入楚，至公安，同二道士宿寺中，夜聞哭泣聲甚哀，既去，覩遺紙，始知爲郭良、梁中節也，追之不及。

矣因作蕭寺黄冠夜泣詩五月至武昌登黄鶴樓仙棗亭有何年化鶴歸之句八月冊下九江過池之齊山寺九月至吳山冬十月寓錢塘東明寺畱其像十一月遊天台畱赤城觀癸丑駐觀中往來梵剎　甲寅五月　師至吳江訪仲彬子晟適晟生子命其名曰文隨覩其案宋史更名曰鑑留五日閱仲彬所遺致身録嗟嘆不已辭行晟進衣糧爲會稽遊八月還燮十一月至山　乙卯春正月　宣宗賓天二月　師聞而痛悼三月偕溥遊粵西跻巘攀崖登高長嘯與溥言曰吾隨在有爽心處溥曰悟矣四月

師至慶遠府、寓西竺寺、寺僧異之、適故侍衛指揮鄭英來就而訪焉、識之、嗚咽不已、獻羔羊、師起作偈、繞而誦之乃食、既登舟、英泣別、復進方物。師以乘馬酬之、及解紼馬忽騰躍而死、師訝之、賦詩記其事、七月、何洲寄書於桂林、師來遇洲於市、洲相抱而慟、隨師行、勸駕還江南、不果、十二月、洲老死、師葬而祭之、

丙辰正統改元。八月師還滇、題詩武定獅山、九月復上築浪穹、習靜。

丁巳二月師復祝髮、欲東歸、命濟筮得兌之歸妹、曰、此女子之貞、男子則否、三月、從師入漢

中五月遊峨嵋、十一月復還浪穹、戊午冬、弟子應智遣當是時、師猶恐露跡、遂偕濟入粵、己未正月、濟勸師還滇、不果、志謀東歸、復命濟筮之、得觀之否、曰所謂利用賓於王也、不宜變、否中互艮巽、艮止巽入、艮爲寺人、或遇閽者留止。庚申春正月、師決意東歸、三月、謂濟曰、余老矣、志決東歸、爾再筮之。濟復筮、得歸妹、拊几感曰、大凶、歸妹、序卦之盡也。師年六十有四、今當春季、木氣將盡、至夏火旺、子生母死、且太歲支干皆金、火必克之、夏其危乎。未幾、師至金竺長官司、羅永菴僞題詩壁間曰、風塵一夕忽南侵天命潛移四海心鳳返丹山紅日遠龍歸滄海碧雲深紫微有象星環拱玉漏無聲水自沉遙想禁城今夜月六宮猶望翠華臨又云閱罷楞嚴磬懶敲笑看黃屋寄曇標東來瘴嶺千層迥北望天門萬里遙款段久忘飛鳳輦袈裟新換袞龍袍百官此日知何處惟有群烏早晚朝題畢竟去閱者驚訝相傳爲 建文皇帝也忽有僧冐之自詭爲是藩司以聞詔械入京同寓僧皆逮 師與焉濟侍行八月至南京父老有識者指曰此程編脩也九月至燕京寓大興隆寺御史鞫冐僧年不合僧名楊應祥鈞

州白沙里人以不實論死餘各戍邊　師不得已陳其實御史見師長身隆準吐聲若洪鐘進退曳然畧無齟齬狀異之亦以實聞命中官舊侍者吳亮詣視亮往見　師指曰爾吳亮耶亮詭非是　師曰我猶記當日事曾御便殿食子鵞偶遺片肉於地爾時執壺戲作狗餂之奚云不是亮聞言伏地不能仰視頃還奏詔迎入大內稱爲老佛竟以壽終附葬西山不封不樹　帝嘗賦詩曰牢落西南四十秋歸來不覺雪盈頭乾坤有恨家何在江漢無情水自流長樂宮中雲影暗昭陽殿裡雨聲愁新蒲細柳年年綠

野老吞聲哭未休士庶至今誦之或曰、帝之生也頭顱頗偏○
高祖撫之曰半邊月兒知其不克終及讀書甚聰穎
高祖使賦新月詩曰誰將玉指甲掐破碧天痕影落江湖裏蛟龍不敢吞 高祖曰猶可免於難後 帝出亡果得歸大内以終天年 高祖之鑑神矣江上老人曰 成祖乃天授少帝亦何尤迄今
列聖追思咸懷隱痛至崇禎甲申恭上
尊謚曰嗣天章道誠懿淵恭覲文揚武克誠篤孝

讓皇帝廟號惠宗

逸史臣曰臣讀　帝淵田諸咏不禁唏噓嘆息曰仁矣哉　帝乎然仁者必勇理直氣壯冒難奮發有爲胡柔荏迂疎當斷不斷以致於亂耶致其在外三十九年奔走戰兢罔有寧息祝髮黃冠屢自易形抑何爲者豈急欲苟全性命故不恤隱忍受辱耶嗟乎主辱臣死忠也君死社稷義也　帝知諸臣爲我獨不自爲乎幸其全身請歸崩葬西陵猶　故天子遺風焉嗚呼慟哉

從亡諸臣傳附

程濟

翰林編修程濟朝邑人或曰績溪人博學通奇術洪武末以明經舉爲四川岳池教諭岳池去朝邑數千里濟寢食在朝邑而治岳池學事不廢一時異之建文初上書言某月某日西北起兵朝廷謂非所宜言繫至京將殺之濟仰天大呼曰陛下幸寬臣囚期無兵殺未晚遂下獄已而靖難兵果起赦濟爲翰林編修充軍師護諸將北征與 燕王戰於徐州大捷諸將樹碑叙戰功及統軍者姓名濟一夜往祭碑人莫測其故及 燕王過徐見碑大怒趣左右

椎碑再椎遽曰止止爲我録撰文來其後按碑族之無得脱者濟名在椎脱處得免始憶曩之祭盍禳之也淮上諸將不用濟策致屢敗　帝聞召濟還初濟與同邑高翔並以明經徵翔勵名節濟好術數翔止濟曰學者豈宜宗此濟曰不學無術此固應變學也既而濟欲以術授翔翔曰我願爲忠臣金川門破翔招濟同死濟曰我願爲智士時帝急召濟入大内問計濟曰天數已定惟出亡可免耳帝從之立召僧祝髮如

高皇遺篋計濟袖出黄冠易之被　帝出安之若命不避艱

難每遇險輒以術脫　帝不自知濟亦不使　帝知也濟嘗病　帝親爲煮糜含淚坐榻前不刻離濟曰濟不死濟何敢死　帝始安其相依若此有所往必令濟筮吉凶聽濟不前後數十年朝夕不離雖極流離困苦倉皇行乞時未嘗一廢君臣禮語詳外紀中正統間　帝東歸濟從至金陵父老猶有識者指曰此程編修也驚異之既而之北平鞫實迎　帝入大內濟北嚮稽首泣曰今日方終臣子職矣還滇焚菴散其徒平陽葉二塚紀歷年始末名從亡隨筆付了空藏石室遂遁去莫測所終

逸史曰：語云「天心留漢，王朗可假；天心去漢，孔明不足」，信矣夫！天之興廢，豈智力所能移哉？編修程濟早覘西北起釁，具疏預防，固已有定識矣。既而曆數果歸，龍德將潛，乃袖出黃冠，屈伸變化，與時推移，卒爲一代純臣，冠達天知命之學也。易曰：「含章可貞，或從王事，无成有終。」蓋謂是乎。

葉希賢　楊應能

御史葉希賢，浙之松陽人也。舉賢良方正，爲御史，侃侃自負。建文中屢言兵事，謂武備不可弛，謀爲須用斷。又嘗劾耿李二大將軍失律當寃及京師陷衆倉皇莫措賢遂僧得度牒賢以名與牒符願祝髮披　帝出亡曰我事君非事國也後歷難險忠懇愈篤壬辰四月卒於浪穹臨終語帝曰臣力竭矣心則未盡也

吳王教授楊應能河南杞縣人素以勁直稱壬午六月京師隨陷與希賢同日祝髮從亡相顧言曰鞠躬盡瘁死而後已非專爲居職言也賢應之初從　帝至仲彬家復泛舟抵京口渡江重九夜宿六合草店當出亡時諸臣皆葛衣濟抱　帝足侍寢能盡出葛衣爲衾帝倡詩曰黃花滿

地帶霜開濟賢能各成一句闕已從　帝往來吳楚蜀滇間或舟或陸扶掖備至壬辰三月卒鶴慶與賢並埋於浪穹。

逸史曰先臣馮時可於萬曆間遊黔西承洪菴悉其菴在萬山深處土人咸謂　建文皇帝偕兩比丘嘗駐此三十年墨跡尚存後自滇而粤莫知所往馮曰兩比丘者登葉與楊耶初聚卒散登當時物色之急不能終捍牧圉耶嗟夫君臣之誼譬之父子厥考負首之仇厥子囘面而攻戮尚此直禽鹿視肉寧有人理故當死則死之

不當死則逃之要以成其仁而已二公削髮殉主其西山採薇之節哉乃賛曰神鰲失足亢龍無首天地變易臣軀何有囘面事讐亦孔之醜噫歟先生遭世陽九周粟何甘秦庭難走遊方之外緇流爲友彼人奴哉甘心虜柳噫若二公者可謂無忝矣

廖平 弟年

兵部侍郎廖平荆之襄陽人建文時授是職京城陷日奉帝命携太子出奔負程嬰之俠後　帝至其家寓西山命太子更名姓平遂棄其業全家逃徙漢中平自流於

會稽日賣薪給食風雨晦冥或歌或泣若呆然無知者人固疑之然莫知爲何如人一日遇帝於耶溪遂號曰耶溪樵嘗遊行溪畔畫詩於沙隨自亂其沙不使人知疑者竊視從後抱持之乃識其詩云夢入鴛班覲紫宸覺來依舊泣孤臣半身家國惟餘我萬里江山已屬人無地可容王蠋死有薇堪濟伯夷貧伶仃苟活緣何事要了熒熒一點眞後竟死會稽山中有弟曰年以妹配　太子戊申十月遇　帝於漢中相持泣曰臣兄已故臣妹侍　太子三年矣

逸史曰曆數有歸後夫殄滅負程嬰之俠者殆可爲痛不可爲哉至全家逃徙孤跡飄零乃得以事隱以俠終豈非謂義衞志智衞身耶讀其詩想見其爲人猗歟會稽片地至今有餘韻也

牛景先　蔡運

鎮撫牛景先沅人初爲御史改鎮撫禦北兵有功朝欲擢用景先以疆場事重願從征既而來京適城陷帝議出亡景先力贊之乃出鬼門其門猝不容啓景先饒力即破之之神樂觀議給衣食奉行者景先與焉易道人服夜走

丹陽遇一僧曰徐行吉速行凶遂改姓名徐行後從　帝於廖平家西山平以　帝托景先而遁僉爲潜　太子也景先力任之及　帝南行先獨止西山二載巳又從帝之吳之越同蔡運周旋其側衛掖備至甲申秋卒杭之寺中初景先出亡時朝中徼聞破鬼門事逮治家屬次妻劉發教坊司死

蔡運南康人以貢起家歷官四川參政清勁直諒遠俗自好罷歸起賓州知州有惠政壬午六月從　帝出亡遂祝髮隱會稽雲門寺因稱補鍋主人毎令童子携茗椀筆牀

泛舟而遊望遠吟哦悲感無常態至幽僻處伸紙賦[illegible]
已必自歌用壯憤激聲駿裊悽其歌竟又賦稿縷縷滿袖
歸則焚之無有知者嘗同金焦馮灌覲　帝於天台久之
帝去蜀涉滇庚子秋史仲彬往見將與運俱行比至杭聞
已物故矣賓州百姓感而思之

逸史曰牛將軍學問人也壯而禦侮叱咤雲霓曉而翊
帝幽遯盤谿可謂鞠躬盡瘁死而後已者矣蔡賓州追
漢之龔勝歟語曰世代降遷事不及古豈盡然哉

史仲彬 史弘

翰林院學士史仲彬，吳江人也。洪武二十四年，以稅戸應詔，縛貪虐官吏六人廷見。高皇帝條具若干言，尋付法司論死。上命主政戸部，彬恐錢粮事重，固辭，更訪治道，稱旨，賜饌及鈔，給驛舟傳歸。讓皇即位，詔起山林材德士，有司以名聞。屬御史劉有年上禮儀十八篇，兼叙彬經明行修，特詔所在官禮請來京。陛見，試四書疑問一道，辨析詳明，授翰林侍書。元年春，奉命祭告衡山。四月，帝用訓導劉亨言，與方孝孺更官制，彬以安靜法祖具疏不報。秋，尹昌隆奏燕兵勢甚，勸退守藩位，廷臣相顧愕然。

彬執笏揮之曰天下乃　太祖之天下非　皇上所得私授者一人逆命舉而授之尤而效之何所底止選將募兵今日急務勳臣徐輝祖忠義性植智勇深沉以當一面燕可圖也昌隆肆言無忌請加誅夏改爲徐王府賓輔仍兼原官三年副工部尚書嚴震直督餉山東回奏機密十二事冬賜彬歸省勅誥四年春入覲　帝親諭授翰林院侍讀學士六月廷議避難獨彬與孝孺言社稷爲重守死勿去是策之上者又同御史魏冕力請誅叛臣徐增壽城陷帝倉皇出走彬期會於神樂觀子夜與牛景先潛至河畔

覔舟。適家偵舟至。喜曰。神護我主也。遂載　帝泛江、一時烟波萬頃、天地慘澹。　帝恐。彬曰。無傷。雲霧相從。可免覿瞻。　帝始安。及抵家、適新命徧籍去位者四百六十二人。即日削職追繳誥勅、呉江縣丞鞏德來彬家、私問曰、建文皇帝在君家否。彬未及答。德微笑而去。　帝驚、即逸去。自是彬嘗注念　帝側。一覲於襄陽西山。一同何洲覲於雲南白龍山。一覲於大理浪穹。一覲於荆之逆旅。每覲必獻方物。服色顛綢繆曲致。　帝眷念不已。亦再至彬家。後彬以從亡故。爲里讐連訟凡十有七次、繫獄死。臨終書有致

身錄囑其子晟曰存之以俟百世知我君臣艱苦也沒後帝復至適晟生子命其名曰鑑閱致身錄泣曰彬不愧斯語矣

史弘嘉興民彬之族祖也　帝於甲辰冬爲黄冠時偶來彬家居重慶堂上方飲食弘突至識之問彬曰此建文皇帝也吾曾於東宫見之方吾家籍沒時非是吾無死所矣彬以實告弘卽稽首堂下涕泣問　帝近狀拊膺欲死帝詳答之詳外紀中旣而弘願備一日之積負擔送至越江稽首泣别

逸史曰余觀從亡中稱材足御事幹旋不失者惟仲彬爲最故彬之訪　帝日最多　帝幸彬家亦最久及跡露被訟至十有七次危矣哉當是之時奸黨誅夷於前逆黨屠戮於後而天下垂首喪氣若不勝其酷者彬獨棲遲故土不易服不遠遯何哉嗚呼其知可及也其愚不可及也終始周還以一死畢事乃復著書自命謂之曰致身信哉

吳成學　王毗

翰林修撰吳成學舉賢良授是職壬午六月之變家人驚

潰相失以爲巳死成學匿去隱姓名爲僧號雪菴初會
帝於吳江話別　帝送之詩云江水無情去不還惟餘
岸好青山輕雲藏跡能歸岫不向東風見素顏和尚會意
走重慶之善慶里有隱士杜景賢異之與遊白龍諸山山
有松栢灘灘水清駛蘿篁森蔚和尚愛之景賢爲造菴和
尚挈徒居之朝夕持誦不休諦聽之則易乾卦也景賢曰
和尚相釋而誦儒可乎和尚會意乃誦觀音經　帝曾留
止菴中彌歲題曰觀音菴和尚好觀楚辭時時袖之乘小
舟急槳灘中流朗誦一葉輒投一葉於水投巳輒哭哭巳

又讀終卷乃已景賢固知之然亦不問和尚不戒酒景賢時送酒飲之和尚不好獨酌每拉牧豎偕飲飲半酣呼兒童歌曰我歌爾和歌竟瞑然而寐和尚傾形秀爽指爪白剪剪落筆成章意氣煥發能感愴人卒秘跡以死莫有知者嘗走滇謁　帝惟徒了空知之成學初亡時嘗宿王玭家玭高其誼窾曲備至事覺以匿奸黨論死卒無怨聲玭蘇州人官御史

遜史曰異哉雪菴棄家如敝屣置身於太虛幾掃除一切矣獨於騷經卷卷不已何哉馬遷曰屈平之作離騷

葢自怨生也其存君興國而欲反覆之一篇之中三致意焉和尚當讀時輙哭哭已又讀終卷乃已怨耶非耶隱君不可其讀易而可其讀騷寄意於兹相視莫逆會心哉

馮漼　黄直　王之臣

刑部司務馮漼黄巖人建文中授是職京師陷隨帝出亡酌定往來道路給衣食者漼與焉後去夔州以章句課童子謀生爲對語及古詩自題馬二子或馬翁或塞馬先生無常名亦無常題藉給衣食耳一日過帝留宿村館

三日後淮亦間辭主家覲　帝於滇承命訪廖平家事即還嘗大書壁間夜夢何奇特龍飛天漢津朝橫滄海曲夕過滇池濱光雯皆五色蜿蜒無損鱗淵田變化間主張藉高旻比見補鍋匠相持而哭私語畢即剷去越數年乙未與補鍋復遇客死滇之蕭寺

老補鍋者按察使黃直常州人也累官侍中尋改是職金川破遁去往來楚慶間帕首挂短衣行吟澤畔顏容枯槁既而爲人補鍋至州邑三日即去去或復來人有學其藝者即教之教不索謝但令答拜從後有學者即遣先從者

去獨之日，世間破壞事，類此人亦不知其意，蓋廋間遇者皆呼爲老補鍋，補或與錢布米，皆不擇，當食時與食，即不復索錢，遇風雨寒暑不出，出囊中錢沽酒自飲，飲罷或泣或歌，令人感愴，嘗寄宿蕭寺，忽市遇馮翁，相顧愕然，已而哭，哭已相牽入山巖中，坐語竟日，又哭，且別，言勿復相見，後同馮復宿蕭寺，病且死。帝適至，葬於寺東，題曰兩忠之墓。

王之臣，襄陽人，爲欽天監監正，京師破，被葛衣出走，亦與牛景先約。帝嘗一至其家，事露，之臣棄家走金城，行乞市中狼狽憔悴邊地極寒常衣葛衣不改已而過河依莊浪魯家爲傭魯家雖異之亦不究所以之臣耿傭直買羊裘披之必覆以故葛衣夏或衣著布布即新故葛衣仍覆其上久之葛益破縷縷不肯脫傭力倦時輒自吟哦或時聞哭泣聲有晉都官從宋總兵至莊浪識傭欲與語傭走匿避何月候其去乃還有問官傭何人官亦不答居莊浪數年病欲死呼主人謝曰我死勿殮我棺候西北風起卽火之揚我灰毋埋我骨魯家竟從其言

遜史曰三子者之行不同而降志辱身乃心王國則一

也天下多惜其姓字不傳至近世黨禁弛始知爲馮漼黄直王之臣也夫逃名而名隨滅名而名益顯豈老子所謂上德不德是以有德耶然而今之時懷忠之士卑毁名異行老死巖穴而不自述者可勝道哉可勝道哉

金焦

刑部侍郎金焦池之貴池人初繇賢良方正舉於朝建文元年爲御史燕兵起尹昌隆請讓位焦劾昌隆無人臣禮又言李景隆懷貳不可任遂上禦燕三策戰攻守備悉肯綮帝嘉之擢刑部侍郎壬午五月北兵至儀真詔天下

勤王焦知事不及濟與孝孺樓璉畫策城中尚有精兵二十萬積粟盈倉堅守之背城一戰尚可支持況有盛將軍梅駙馬尾其後勤王師衝其左右翼燕能萬全乎不勝徐圖幸荊幸蜀未晚也衆愕然孝孺獨是之終不能用及金川失守焦泣曰君存與存君亡與亡願身從　帝奔得與二十二人列潛至史仲彬家相聚水月觀五日言別甲申重九同諸亡臣會　帝於天台戊子冬覲　帝於滇之白龍山菴明年春　帝東行焦同濟恒偕從因留蜀時朝偵猶急焦伏巖棲谿晝乞夜行旬有六日恬如也甲午復裹

糧至浪穹適　帝學數焦釋康節元會運世即千百十零數也即理也乾無尾坤無首易之因時致用　帝深然之越月辭別後同王資往河南卒於祥符臨終嘆曰唐陵漢寢今何在北幕南庭誰是家踰年丙午　帝命瀞去河南而焦已物故矣至崇禎己卯郡生立祠祀之

逸史氏曰金侍郎焦侃侃一代之臣也然余閭里中故老遺民未嘗有稱說者何哉或曰國初法綱言脫禍隨故相率隱忍聽其若存若亡以俟百世噫當時人心亦大可見矣歷二百年王命寵渥而其事始稱人始著余

得從剥落中㝷考其行其慷慨立朝臨難弗諼庶幾哉進退存亡不失其正者而合郡思之崇尚廟祀有以也夫

王資劉伸

指揮王資河南杞縣人從偏將防守淮北驍勇善射喜讀古節義傳靈壁之役率步卒護軍餉諸將敗輜重芻糧委棄狼藉資被執遁還又從徐安防禦鳳陽奏事京師言守禦安頓已而從　帝出亡足備日一人者資其一焉易服爲道士曾同金焦之河南既隱金華玉華山號郎玉華山樵

別見隱遁傳

鎮撫劉伸、亦杞人也。出亡後與王資並黃冠講太玄老子甲申偕諸亡臣侍　帝遊天台遂留寺中以老死錢士升

贊曰力不從心命也非戰義有所歸家亦何戀瘁矣間關剛哉百練黃冠者誰愧彼纓弁

逸史曰信哉虛願其志實願其行資書讀節義固致身於君伸暫講黃老亦以死國雖或遁或老侍　帝不久要之此兩人赳赳自立視景隆又芻狗矣

梁中節郭良

梁中節、郭良並定海人、並官中書舍人、京城陷從　帝出亡、並棄家爲道士、遵引林泉、憂君無已、因其訪之、之公安寄宿佛寺。　帝自蜀入楚、亦偶宿此、時改服爲黃冠、兩人不知爲　帝。　帝亦不知爲兩人、各自退避、至夜半、微聞兩人哭聲、悽然而悲。　帝大驚異、曰、豈亦有大難自之竄耶。促從者伏枕聽之、時春初寒、風蕭瑟、雜夜泣聲、慘澹備至。　帝益感愴、待微明、將密爲採訊、起視之、去矣、閱其遺紙驗姓字、始知爲兩臣也、急追之、不及、乃作蕭寺黃冠夜泣詩懷之。詩曰、壬子春正十三日、寺遇黃冠不相識、結蒲拄杖坐西邊低頭不語意自閒亡何一人復冠簪髮黃面綿多愁顔拊掌遽驚還嘆息潺分但聞聲唧唧似懷萬斛愁難傾哀猿夜叫寒鴉泣余衷縈結詎堪言布衾濕透皆淚痕晨興欲往訊其苦兩公蹤跡雲無根空餘蟬斷字數箇依稀恍是亡臣名我欲把毫悉胸臆冰凍筆花寫不得後兩人日遑遑事奔走覓蹤跡而道路差別卒未會帝帝亦不知其死所

逸史曰昔徐偃王走死彭城羣臣從之不忍去王嘆曰吾賴文德而不明武備嗟乎我

皇其賴文德乎草野君臣間關險阻留此殘碑斷字以寄

百世隱痛於戲難矣哉誰之咎歟

趙天泰鄭洽

翰林院編修趙天泰陝之三原人建文初以明經授是職壬午京師破 帝出亡天泰與焉時葛衣因自號葛衣翁又號天肖子以訪 帝老死蜀中

翰林院待詔鄭洽浦江人出亡初同聚神樂觀議迎帝至家駕甫幸坐孝義堂堂中扁無故墮地天泰曰此不可久留 帝卽逸去尋跡者至無所得乃舍洽洽尋訪

帝於蜀道病留公安茅菴中遂卒

逸史曰余嘗聞父老言及余德華事未嘗不同類而共嘆曰日事奔走無爲也及讀大家勢重之語傷心哉能免客死道路乎然不死道路又不足了煢煢初心矣趙鄭兩臣之終於蜀皆形影所樂蹈者嗚呼天有所興必有所廢理之常也全身苟活胡爲哉

梁良用田玉良玉

中書舍人梁良用與中節同族父子兄弟八人並仕於朝出亡時良用載　帝抵南門去太平堤覩　帝目不轉睛

淚如雨奮身投朱雀橋下死同族相繼死者凡五人一時稱爲闔門忠節

刑部郎中梁田玉良用從子也 帝出亡酌定給衣食通往來者十三人田玉與焉後髡髮爲僧避跡無常或覘帝或募緣人莫知之竟以憂憤死

梁良玉亦中書舍人出亡時家族潰散良玉棄妻子隱姓名走海南市肆鬻書爲業困頓萬狀次年夏卽死 帝以詩哭之曰子犯歸黄土重耳未還時嗚呼梁氏亦多英矣天不忍忠英淪沒故二百年後松楊王詔遊治平寺忽聞

轉藏上有聲異之令人豫絕頂得書一卷載建文出亡諸臣事顛歲久紙爛不可讀細銓得良用等九人各爲贊題曰忠賢奇秘録

逸史曰周以八士興於朝　明以八士死其國嗟乎梁氏之子豈有異哉士之遇不遇天也夫天能拂其所短不拂其所長莊子曰侯之門仁義存焉并仁義竊之而罪不及於當時伯夷絜行醜周守餓而名不絕於後世繇是觀之天者理勢而已而聲聞唧唧繚頂得書亦奚足怪

宋和郭節　程亨　徐貞附

宋和臨川人郭節連州人皆中書舍人也同與出亡各變姓名挾卜筮書走四方風雨晦明頗能預測人異之疑之兩人復蔑藏和時稱槎主節間稱雪翁節嘗同史仲彬程亨覲　帝於白龍山菴舍

程亨山西澤州人仕爲翰林院簡討張昺之親也初未與出亡約京師陷亨棄家逃及昺被族尋捕亨家逮亨妻楊氏子程禮禮妻張氏用火焼死亨就郭節於連州丁亥仲彬同何洲至節家訪　帝蹤跡亨適遇焉相持痛泣遂偕

節四人同詣重慶不值分途行乞走雲南遇程濟於白龍山深處引拜　帝榻前見　帝形容憔悴各慟哭曰弟子輩萬死不足贖罪　帝慰之留一月辭歸

徐貞官工部尚書陝西人也　帝出亡後曾詈其寓信宿事露族誅又命教坊群亂其妻至死其幼女年十三隸樂籍樂官陳儀憤其事乃陰養之不令汚洪熙初遇赦儀爲擇嫁良家尚處子也儀在穢職而能執義如此至今稱之

逸史曰嗟夫拙哉二子之業也不疑無卜智矣而主困身逃人事日殊豈亦有倖望而爲之歟抑托以滅跡也

贊曰匪扂問居匪嚴隱卜巽明我心妄持圖度間關樵悴志同道合嗟彼居停猝羅奇禍

何洲周恕

太監何洲周恕皆海州人同爲中官素以忠義相勖建文初燕　世子來朝恕請留之　帝不可問子澄子澄亦曰不可遂放還未幾兵起　帝悔不用恕言壬午六月帝偕諸臣出走神樂觀洲語恕曰君亡義不容存敗面希榮妾婦不爲因追侍焉　帝命散去各變姓名走湖湘間恕憂病死蕭寺丁亥春洲與仲彬訪　帝於粤西至連州

復偕郭節入蜀不值乙卯秋洲鬻書於桂林市巳老矣遇程濟列見　帝相持慟哭勸　帝南還是冬死年七十有三

逸史曰寺人禍國其來久矣我　高皇有鑒於是雖設中貴止供灑掃而街不兼文武政不侵外庭衣冠不同臣僚外之也故三十年宮府謐如雖　讓皇紛更祖制此獨遵之加嚴焉以故遺恨內臣密謀通燕文皇之始不能不有所私是故儼保之譖行而撫監岌岌矣監軍之勢張而馬騎以交阯亍敵矣延至逆振舉

萬乘之尊輕擲蠻夷喪中原銳氣多矣而吉祥輩復積驕成怨積怨成逆汪直之啓衅縲紲盈朝積骨盈邊可勝悼哉正德間八虎横一豹吼逆瑾憯烈禍延宗社雖幸發自其内然參伍狡弁表裏作奸寧免拒虎進狼之譏耶繼以魏璫狐豕滿朝忠良膏野上公稱而廟貌祀竊號竊名古今憯變向非

先皇帝威靈電掃幾有不可問者矣原其初誰壞　祖制而至此賢者能辭其責哉雖然間有足取者懷恩覃昌雲奇何文鼎折諸人可槩棄乎若棄職從亡追隨以没此

兩人者尤豪傑所難也疇謂刑餘無君子哉

昔子家子仕魯昭公從亡七年諫事發言不廢臣禮後意如知其賢許以從政乃不受而逃之賢矣太史遷獨遺之曾不得與狐偃趙衰者比豈其以功名未白於天下不當置竹帛邪逸史曰致治有元勲板蕩有忠臣皆王國禎也昔唐虞以二十二人亮天工開揖讓於前我　國家以三十二人從淵田繼揖讓於後治亂雖殊同歸於是故殷三仁周十亂並見稱於孔子諒其時也我從亡諸臣麗無於庭膏身於莽戀戀故主而不違與七年之逃十九年之冒

貴者倍蓰矣可不謂仁乎故附載之以誌君臣義云

遜國正氣紀卷二終

遜國正氣紀卷三

逸史曹參芳輯次　同郡後學劉襄祚較閱

文忠列傳

甚矣生死之於人大矣驟而語人以死誰不懼然驚愕然駭廼事關社稷身繫綱常尤有重於死者不得不舍輕就重而擇所取焉何者臨難不避忠之善經也之死靡他臣之大節也人臣不幸當國家橫央變出非常不能竭股肱之力捍患禦難轉危爲安繼以一死分也然不易言者商惟墨胎漢稱龔勝唐嘆河北二十四郡無忠義宋指南朝

李侍郎雖張顏文陸輩不乏决脰刳胸要皆後先繼起未若我遜國際濟濟多英於斯爲盛者也居者死社稷禦者死封疆而不屈者死犴狴株連者死燔場其他且竄且誅殆不勝數嗟乎一堂鼎革朝市不更鍾簴無恙亦若可死可不死已而諸臣寧負順天應人之舉决不忘歌薇叩馬之心寧甘鼎鑊刀鋸之慘决不效檻車改面之辱誓此心以捐此身其遺齒朽骼啖烏鳶豺貉而不自惜者此無異故彼誠自擇所處維綱常社稷以爲懐二心者愧也余蹶今追昔欲獻憑弔恨不得與方黃景練明大義於中天徒

寄痛於嶺猿夜泣何爲者幸今大典昭明尊稱崇祀起二百數十年幽魂而風之與乾坤並耀矣語曰不没人之孝而後有孝子不没人之忠而後有忠臣鼓舞之機間不容髮余竊其意而筆之作文忠傳

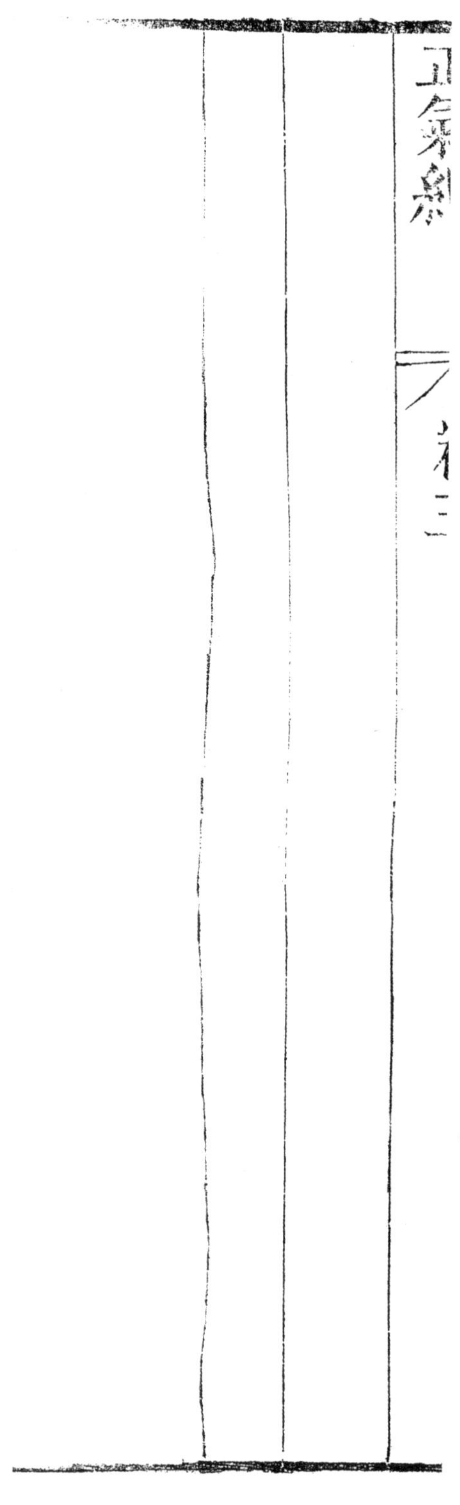

方孝孺妻鄭　廖鏞弟銘　胡子昭　劉端　王高

盧原質弟原朴　鄭公智　鄭居貞　林嘉猷

劉政　方法　倪旺子遴　葉惠仲

魏澤　余學夔　王稌

文學博士方孝孺方孝孺字希直浙江寧海人父克勤洪武初繇薦辟爲濟寧守學術治行名於一時生孝孺是夕有大星隕其所自幼精敏絕倫雙眸烱烱如電日讀書積寸爲文雄邁深醇鄉人目爲小韓子初入鄉較見聖賢姓字或良將相遺容即低回企慕有願學之志會克勤被誣逮繫孝

孺疏乞身代不報時宋學士濂以文行重海內克勤於獄中命孝孺往學焉濂一見深異之曰吾閱士多矣未有如子肯從我遊乎卽假館授業克勤再被誣孝孺復草疏將伏闕上訴而克勤沒孝孺扶喪歸葬哀動行路是時濂亦乞身還金華孝孺來往四年盡得所學先輩如胡翰蘇伯衡皆自謂弗及也孝孺顧末視文藝以明王道闢異端爲已任嘗卧病絶粮家人以告笑曰古有三旬九食缾無儲粟者貧豈獨我哉洪武十五年以學士吳沉揭樞薦召見高皇謂樞曰孝孺孰與汝樞曰十倍於臣使見　皇太子賜

晏故欹其几以試之孝孺必正之乃坐
高皇聞之喜謂　皇太子曰此莊士也當老其才輔汝試靈
芝甘露論
高皇每面試舉子輒親定高下注選至孝孺獨不注曰異人
也吾不能用留爲子孫光輔太平足矣　皇太子重之待
以賓友遣還鄉孝孺歸杜門著述適有讐家獲罪詞連孝
孺所司籍其家械送闕下
高皇識孝孺名立命釋之令奉祖母挈子還二十五年復辟
至時方重賞罰　上曰今非用孝孺時稍擢漢中府學教

授日與諸生講明聖學敦篤力行蜀獻王聞其賢聘爲世子師孝孺每見必陳說道德仁義王甚喜講論無虛日歎曰方先生古之賢者也名其讀書齋曰正學故當時蜀治依於禮樂諸王莫比焉丙子徵入典應天試三十一年夏

皇太孫即位以

太祖遺命趣召孝孺爲翰林博士進侍講學士日侍經筵備顧問凡將相大政議輙咨孝孺讀書每有疑即召使講解臨朝奏事臣僚面議可否必命孝孺就扆前批答故孝孺有詩云斧扆臨軒几硯寒春風和氣藹龍顏細聽天語揮

毫久携得香烟兩袖還又云風軟彤庭尚薄寒御爐香繞玉欄杆黄門忽報文淵閣天子看書召講官時大召名儒修　太祖實録及類要諸書孝孺爲總裁會改謹身殿名正心孝孺獻銘又獻凝命神寶頌比定官制改侍讀學士爲文學博士郎以授孝孺靖難兵起日召謀議詔檄皆出孝孺手北兵既渡淮畫策堅守誓死社稷知事不可爲乃作絶命辭曰天降禍亂兮不知其由奸臣得計兮謀國用猶忠臣發憤兮血淚交流以此徇君兮抑又何求嗚呼哀哉兮庶不我尤初燕兵出北平時姚廣孝送至郊曰江

南有方孝孺者必不降殿下勿殺此人殺之天下讀書種子絕矣及入京 帝以崩聞孝孺服斬衰晝夜哭

文皇既登位使廖鏞兄弟召之數四不至乃使人收之孝孺至闕下哭甚厲不止 上怒令繫獄猶遣人諭之再三不從時將詔諭天下命羣臣舉代草者以孝孺對趣召之不至乃使人擁之入既至孝孺悲痛聲徹殿陛左右禁之莫能止 上親降榻勞曰先生何自苦余欲法周公輔成王耳孝孺曰成王安在 上曰渠自焚死孝孺曰成王即不在何不立成王之子 上曰國賴長君曰何不立成王之

弟。　上曰、此朕家事。先生何自苦。置之左右。授筆札曰、詔天下。非先生草不可。孝孺大批數字。旹之。投筆於地。又大哭且哭且罵曰。死卽死。詔不可草。　上曰、汝不顧九族乎。孝孺奮然曰、能殺我九族。不能殺我十族。復哭罵不已。上大怒。令以刀抉其口。旁至耳、孝孺猶噀血犯御座。罵聲喃喃不絕。至死乃已、時年四十六。詔收其妻鄭氏。鄭先自經死。悉燔夷方氏墓、籍九族、母族林彥淸。妻族鄭原吉等盡誅之、　上怒猶不已、必欲誅十族、乃以門人廖鏞等爲一族、凡坐死八百七十三人、謫戍絕徼者、不可勝計、孝孺和粹貞亮事親孝處師友篤恩義宋濂遷蜀孝孺不得與俱為文籲天願輸壽以延之時閱其遺文談及往事泣行數下濂没於夔孝孺自漢中走哭盡哀言於蜀獻王厚恤其家道夔必艤舟哭移時乃去與郭濬林右劉綱王紳王締鄭楷趙象王叔英劉浩葉見泰友善聽言遺書必切劘道義其文章議論波瀾大類蘇氏而忠義之氣凜然不可犯嘗謂道之與事無乎不在列為二十八箴又作雜誡三十八章以自儆謂化民必自正家始作宗儀九篇謂先王之治先德化而後刑政作深慮十篇以豢臣女主夷狄雖

一天下不可爲正統作釋統三篇皆前哲所未發者四方夷裔得其一字寶於金壁所著有遜志齋集四十卷周禮考次大易枝辭武王戒書註帝王基命錄文統宋史要言諸書逸不傳洪熙初詔方孝孺輩皆忠臣其黨與從寛典方氏遺族始有赦還鄉者因立祠祀孝孺成化初遺文始行於世

都督廖鏞與弟銘巢縣人祖永忠開國立功封德慶侯父權嗣封鏞以適子任散騎舍人歷官至都督建文中與議兵事時宿衛殿庭靖難後

文皇以鏞弟兄嘗受學方孝孺令召之孝孺怒曰汝讀幾年書尚不識箇是字鏞銘復命　上怒令收孝孺至磔於聚寶門外凡七日而罵聲不絕鏞銘拾遺骸葬聚寶門外山上甫畢廖氏亦收鏞銘逃去永樂元年四月錦衣衛奏獲之送刑部論死鏞弟鉞及從兄淮安指揮僉事昇俱謫戍邊鏞母東甌王長女也併銘女送浣衣局

侍郎胡子昭字仲常初名志高字伯尚世居嘉定州榮縣之東平鄉子昭富經術性方介少從方孝孺遊漢中蜀獻王喜其爲人賦詩贈之以儒士薦爲榮縣訓導建文初歷

翰林院簡討歷陞山東按察司僉事進刑部左侍郎壬午九月十一日坐方黨受僇臨刑詩曰兩間正氣歸泉壤一點丹心在帝鄉時年四十一闔族被擒父復初母郭年皆八十餘幷其子五人紹績繼等皆編伍妻王女住兒給千戶喜孫爲奴獨弟志遠爲四川按察僉事匿丹稜以免正德間御史熊相於州治之西立祠祀之

寺丞劉端郎中王高俱南昌人同舉建文庚辰進士素相善端繇給事中遷大理寺丞高爲刑部郎中壬午之變端約高棄官去以全名節跡露被執召問練安方孝孺何如

人端曰忠臣也　上曰汝逃忠乎端曰存身以圖報耳
上惡其言命與高俱劓之且笑曰看你這副面皮端詈曰
我到有顏即必可見
皇祖無愧　上怒立捶殺之戍其家
少卿盧原質字希魯浙寧海人世家桑洲為巨族母方氏
孝孺之姑也原質於孝孺為外兄而文學資益於方門為
多洪武戊辰舉進士第二授翰林編修孝孺以詩賀之曰
奉天殿上榜初開共賀江南得秀才好與青蘿居士說今
年文運屬天台歷官太常少卿建文中多所建明壬午孝

孺死原質坐黨被族與弟原朴等同日死

監察御史鄭公智字居貞浙寧海人力學好古工文詞方孝孺薦之蜀獻王至成都王與語經史論詞藝公智數稱述河間東平王賢行王說之建文初從方孝孺至京舉賢良授御史職史治精敏持法不阿靖難後坐方黨死戍其族

參政鄭居貞初名久成改名士恒以字行徽歙縣人豐頎美鬚善書始侍父潛官閩中因家焉從尚書貢泰遊洪武中舉明經授鞏昌判陞禮部郎中文行爲時所重二十三

年進河南參政三年遷去士民思之永樂初坐方黨論死時年四十九從容赴市無一語及家事鄭善詩文所著有閩南集關隴行稾歸來稾隨稾檜庭稾初孝孺之教授漢中也居貞以詩送之曰翩翩紫鳳雛羽翮備五彩徘徊千仞翔餘音散江海於焉覽德輝濟濟鏘環珮天門何嵯峨羣仙久相待晨沐晞朝陽夜息飲沆瀣如何復西飛去去秦關外岐山諒非遥啄食良自愛終當巢阿閣庶以鳴昭代孝孺亦答贈以文又次韻寄云閣下知名久相逢值暮春才華曾動主議論每過人漢水原通蜀台州亦近閩何

時江海上尊酒話西秦次章云爲問天台客何時別草堂千巖空劒氣萬卷有虹光爲政慚吾拙摛辭屬子良方思歌伐木深負詠甘棠

僉事林嘉猷名昇以字行浙寧海人師同邑王琦琦坐累徙雲南姻族無顧恤者惟嘉猷徒步千里追送泣別人高其誼後復與鄭公智負笈走六千里至漢中師方孝孺時學於孝孺之門者踵接而孝孺獨以得二人爲喜曰匡我者二子也洪武末嘉猷以儒士較文四川蜀獻王聞其賢與公智俱召至成都薦爲府寮建文初辟爲編修遷陝西

僉事嘗被燕召入居最久得其隱情以二郡王素傾世子故告孝孺孝孺入告遣錦衣千戶張安賫書詣燕許世子王燕燕內史黃儼因間世子計且得行世子竟先發事遂洩靖難後坐方黨論死嘉猷大慟謂僚友曰大丈夫當見義勇爲遂死之

舉人劉政字仲理南京長洲人父以禮通經學爲沛縣廣文政頴敏力學生平以忠義自許建文元年舉應天鄉試第一試官方孝孺出托孤寄命題得政卷喜曰此他日臨大節而不可奪者乃百鳥中孤鳳吾當虛左以待之及

帝遁去孝孺被戮政痛君師俱難遂悲憤不食死或曰政聞靖難兵起感憤成疾乃草平燕策將獻之因病卧未得行抱恙數月問其家燕兵得無渡江乎家人恐其疾之殆也秘不以聞及京師陷頗久政乃知之怒責家人曰胡不早言使余得伸其志以死遂頓足搨前嘔血而歿云

都司斷事方法字伯通桐城人性孝友博學淹貫舉建文己卯鄉試爲方孝孺所取士授四川斷事蒞官抗直持廉

文皇即位諸臣皆表賀法慟哭不肯署名嘗作文遥祭孝孺尋以方黨被逮舟過安慶投江而死女貞姑痛父難終身

不適人至今子姓繁盛理學方學漸皆其裔也

都督僉事倪珏巢縣人佐

高祖有功累官是職子遴授世襲指揮僉事博學好問嘗同廖鏞兄弟授業於方孝孺門後孝孺死遴哭之慟設奠祭之遂不朝　上怒削職論死孫德逃隱於城南烏龍崗著有臥雲集載革除事甚詳

知府葉惠仲名見泰以字行浙臨海人與兄刑部主事見泰字夷仲者爲方孝孺所知並有文名稱二葉各有集惠仲初任廣武衛知事建文初以知縣充史官修

高廟實錄二年爲會試同考官後陞南昌知府永樂元年二月坐修實錄指斥舊事以方黨論死年六十四妻蕭配千戸泰貴爲奴

典史魏澤字彥恩栗水人有學行謫寧海典史逮捕孝孺時澤藏其幼子以故方氏有遺種謝遷詩所謂孫枝一葉是君恩也澤有過孝孺故居詩曰筍輿衝雨過侯城撫景令人感慨生黃鳥向人空百囀青猿墮淚只三聲山中自可全高節天下難居是盛名却憶令威千載後重歸華表不勝情至今稱誦之

余學夔台人也博學能文尚氣節喜周人緩急孝孺族誅學夔知其幼子德宗匿魏澤所乃易服變姓名佯狂乞食過澤居作狂歌有顧效程嬰語澤驚叱之去去又復來遇於途歌如前澤目之之他所與語移時知其心乃以德宗付之時年九歲耳學夔携之匿海島中彌月乃循濱海歷華亭青村諸鎮隨一僮善結網兩人遂學結網爲生上海進士俞允方門人也家居不仕學夔携德宗訪之三叩得見允大驚喜默祝天地　高皇收育爲子遂更俞姓學夔竟赴海去不知所終德宗後裔有爲南昌司訓者鄉人義

琰爲置田宅娶之歸台奉祀事

王稌字叔豐禕之孫紳之子積學能文有祖父風受業於方孝孺甚爲所器孝孺之及於難也稌周旋其間與孝孺外姪鄭珣至聚寶門外求遺孩歸葬不可得坐逮繫獄以其祖死忠特從宥免且需用稌力以疾辭還金華讀書青岩山下終身焉時詔毀方孝孺文集曰敢有收藏者與奸惡同罪有庶吉士章朴素喜孝孺文家藏若干與友人楊善私言善借觀客聞於朝 上怒戮朴於市而陞善官自是天下惻然稌與童景庸書痛念遜志名蹟日就湮没欲

執事與同志商搉搜輯其學行幽潛生卒始末爲行狀以傳凡有愛慕之心者自能默識謹藏或可待時發揚於萬一遂輯方氏遺文爲侯城集傳世稔性孝事父母必極其誠遊其門者多賢郡邑交重之所著有青巖集聖朝文纂金華賢達傳蹟文章正宗卒年五十九門人私謚曰孝莊先生

逸史曰卓哉遜志之學也以明王道闢異端綱常名教爲己任使得竟其所學庶幾哉與周召畢散彌隆矣迺遭時革命竟衰麻慟哭嘔血以殉蓋所云上不負天子

下不負所學者爲無忝乎余嘗讀其文詞不禁慷慨悲歌泣數行下而宏毅之風真足廉頑立懦謂讀書種子至今尚存也可其從死諸臣大都皆仁人也故殺身不變而魏余王孫徉狂乞食恤其苗裔傳其盛業有古俠風烈也

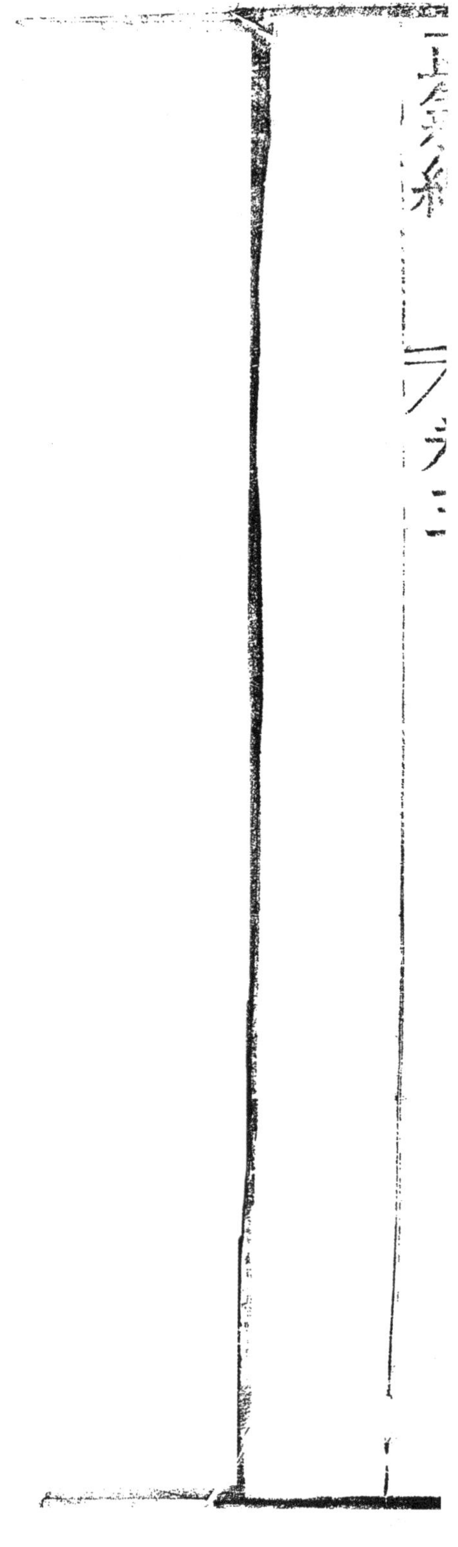

卓敬

戶部侍郎卓敬浙之瑞安人也字惟恭生而穎悟絕人讀書十行一目終身不忘七歲與羣兒嬉有異人見之曰此兒骨髮殊異必爲名卿惜血不華色耳年十五就學寶香山性至孝不以道遠廢定省嘗夜歸值大風雨迷失道得一兕牛馮之行比及門縱之則黑虎也洪武二十一年登進士除戶科給事中每上疏切直無所顧忌或以太剛則折爲戒敬謝曰敬以寒微荷天子厚恩擢置諫官居其位則思直其道道苟得雖死不可回也禍福豈所計哉時諸

王在宮中服飾多僭擬太子敬乘間進曰朝廷視效綱紀攸先令　陛下於諸王不早辨等威而使宮中服飾與太子埒嫡庶不分尊卑無序此舛道也何以令天下　上笑曰爾言是朕慮未及此耳益器重之陞宗人府經歷進戶部侍郎　讓帝初御宇燕藩來朝敬密奏大略謂燕王智慮絶人酷似　先帝北平強幹之地金元所繇興也宜及今徙封南昌羽翼既剪變無從生萬一有之亦易控耳夫萌而未動者幾也量時而爲者勢也勢非至剛莫能斷幾非至明莫能察　帝覽奏大驚袖以入翼日召見榻前曰

燕王骨肉至親卿何語及此敬曰楊廣隋文不尤親耶帝王之孝在保安社稷小節非所論也　帝默然良久曰卿休矣吾方思之事竟寢繇是燕得藉北兵趣京師　帝始悟敬言然已無及矣　燕王即位罪敬不迎乘輿捕至曰此小臣得非當日建議徙封幾至搖朕者乎爾何敢離間骨肉乃爾敬曰　先帝如從敬言殿下安得至此　文皇怒欲殺之而憐其才繫獄命中官以管仲魏徵事諷敬敬抗辭不聽　上感其至誠未忍殺姚廣孝名道衍時毋爲敬所輕甚銜之乃進言曰昔吳王不殺范蠡而蠡卒滅吳

王衍不殺石勒而勒終害衍人事有機不可失也　上曰向者奸臣皆欲害朕惟敬議從封建文君聽其言干戈息矣廣孝曰不然夫南昌地居下流金陵加兵特探囊底物耳使敬言誠用　陛下寧有今日哉乃命殺敬敬臨刑從容嘆曰變起宗親略無經畫敬死有餘罪神色自若經日面如生夷三族沒其家圖書數軸而已妻劉女楊奴發教坊

文皇雅聞敬名旣死猶惜之曰國家養士三十餘年不負其君者惟卓敬耳敬美丰姿善談論凡天文地理律曆兵刑靡不精究猶邃性理所著有遺書五十卷發明周

子適書邵子經世之學別有詩文五十卷門人黃潮光[illegible]於家後廬陵劉球傳其事私謚曰忠貞

按兒牛事傳甚奇録之以見至人每多異遺非誕怪之說也敬嘗讀書山中偶夜歸遇暴風雨迷路遥見林中有火光急趨赴之乃一小院落有讀書聲敬扣門一童子應聲而出曰吾師知郎君來使我候此敬仰視門額有體玄二字入見一老翁坐長明燈下敬揖之翁起相勞苦敬曰欲急歸省親敢乞一燭尋路翁笑曰山中那得有燭但有小枯葉郎君且燎溼衣徐爲之計敬起解

衣問童子曰翁何姓童子曰吾師不欲人知其姓每向人自稱逍遥翁又問汝何名曰吾名少孤敬疑其爲隱君子也修謹進曰敬家在山下往來山中甚熟未聞有體玄院亦未聞有逍遥翁名敢請翁曰昔體玄先生嘗居逍遥谷中吾世業醫往來中條山後間陶隱居丹室在此因採藥南來結菴稍憇不覺淹歲今亦將還故山矣敬問體玄爲何人翁曰此吾先世事郎君無用知也燎衣訖又乞還翁曰郎君既不能待旦吾有一牛可騎之而歸敬大喜即命少孤牽牛出又呼一童名少逸曰

汝將吾舊籠來就籠中取一僧帽爲贈敬辭曰吾志則匡濟天下翁安得以此相戲翁曰吾昔亦有志斯世後因所輔非材不用吾謀禍幾不測得此一籠始獲解脫不然豈復能生出宜秋門乎郎君第收此帽他日當自理會也敬却之翁但再三嘆息而已敬遥窺籠中諸物悉箍桶具及僧家衣鉢耳乃乘牛致謝而別方出林而牛行甚駛勢若飛禽須臾已及門矣遥從牛背呼其家家人已就寢驚起隔墻應之曰夜已向闌若安得冒風雨獨歸耶敬答曰吾得遇隱君子借一牛騎歸不然今

夕必不能還矣舉火牽牛入牛忽咆哮化爲虎而去室中人大驚比明尋體玄山居不可得數日後縣西四十里陶弘景丹室故基旁有一古廟彷彿雨夜所經行者壁有潘閬夏日宿西禪院詩即東坡所見夜凉疑有雨院靜若無僧之筆也筆墨猶新循路而歸見虎跡歷歷尚存焉

逸史曰知幾其神知死必勇登卓侍郎謂乎一時忠臣委身赴難死焉已耳無大石畫也敬深憂遠慮獨爲徒薪計裨國事多矣至守節不回忠實誠信雖文皇帝猶感動之况百世下乎雍雍然固宰相才也

鐵鉉 朱參軍 二女

兵部尚書鐵鉉，字鼎石，河南鄧州人，家豊和鄉。慷慨有才，喜談兵陳事。洪武中繇國子生授禮科給事中，調五軍斷事，奏對詳明。上喜，賜今字。時朝政威神，羣臣奔走奉職，救過不贍，鉉獨以材能稱任使。有藩府坐法，刑官久鞫不能奏當，乃屬鉉，片言決之。上益喜，凡法司疑獄盡屬之。未幾，擢山東參政。靖難兵起，李景隆將軍馬數十萬禦之，駐德州。鉉督餉飛輓，芻粟水陸並進，軍輿不乏。景隆軍敗南奔，鉉與參幕高巍遇於臨邑，協謀定計，收潰卒保濟南北兵至圍城數匝百計急攻屹不可破鉉出不意襲擊敵兵城攻壞者隨輒繕完先以藍布大幅界灰紋其上如甃石狀張於外襯以幕席并力潛築北兵遥望驚以爲神遂不敢逼北兵又隄水灌城城中人恐鉉曰計且破之不三日遁矣令登陴人皆哭呼曰旦日且降盡輟守具又出千人城外伏地請降復請退兵十里全城中人 王喜下令退軍受降鉉懸鐵板城門上伏壯士闉堵中戒曰俟入城呼千歲即下鐵板拔橋乃遣人請入撫諭 王渡橋至城下城開比入門門內羣呼千歲鐵板急下傷 王馬首

王急易馬走走至橋橋下伏兵斷橋橋不可動乃躍而過仍合兵圍城鉉令軍士譟罵北兵大怒攻益急以礮擊城城盡震鉉書

高皇帝神牌懸其處遂不敢擊至秋七月不能克姚廣孝曰師老矣舍之南去有宋參軍說鉉曰濟南天下之中北兵今南去其留守北平者皆老弱且永平保定雖叛諸郡縣堅守者多郭布政輩書生大參公能出奇兵陸行趨眞定南諸將憒逸者稍稍收合不數日可至北平其間豪傑聞義而起者大參公便宜部署號召招徠之北平可破也北

平破北兵回顧家室必散歸徐沛間素號驍勇大叅公檄諸守臣倡集義勇俟北兵歸合南兵征進者晝夜躡之大叅公館穀北平休養士馬迎其至擊之彼背腹受敵大難旦夕平耳鉉以兵餉盡於德州城守三月士卒困苦而南將皆駑材無足恃莫若固守濟南牽制北兵使江淮有備北兵不能赴淮歸必道濟吾邀而擊之以逸待勞全勝計也乃設晏天心水面亭犒問辛勞述賦賡歌激發忠義北兵攻東昌鉉援之大戰城下斬燕大將張玉事聞以却敵之賞賞鉉進布政使賜金幣誥命鉉入謝賜晏餽粟肉尋

進兵部尚書佐歷城侯盛庸掌天下兵壬午四月北兵至宿州鉉督諸軍奮擊大破之於小河斬驍將王真中原震動　王欲北還以諸將力諫於是決計南向再戰得大勝遂長驅渡江鉉感憤欲自裁至六月京師陷天下已盡歸燕矣鉉猶擁孤軍駐淮南規圖興復而大勢已去被執至京背立庭中正言不屈令一顧不可得割其耳鼻竟不肯顧爇其肉納鉉口中令啖之問曰甘否鉉厲聲曰忠臣義士肉有何不甘遂寸磔之至死猶喃喃詈不絕聲時十月十七日年三十七父仲名年八十三母薛並海南安置子

福安年十二、發河池編伍、康安七歲、鞚轡局乞匠、尋皆戮死、妻楊并二女發教坊、楊病死、二女終不受辱、嘗有詩曰、教坊脂粉洗鉛華、一片閒心對落花、舊曲聽來猶有恨、故園歸去已無家、雲鬟半挽臨粧鏡、雨淚雙垂濕絳紗、今日相逢白司馬、樽前重與訴琵琶、久之、鉉同官以詩聞、次女亦有春來雨露寬如海之句、上閱之笑曰、彼終不受屈乎、乃赦出、皆適士人云

遜史曰、嗚呼、鐵尚書鉉、不世才也、崛起豊和、非有藉而爲者、收集敗亡、裹瘡登陴、出奇計、聲振海内、雖

文皇且憚之可謂知勇俱者使天命不改成鉉志竹帛㸑然則徐常後多一功臣矣而𤏡膚納肉之刑不加孰成爲烈丈夫也哉

景清 劉固 弟國 子超

御史大夫景清本耿姓報籍訛為景陝西真定人也倜儻尚大節洪武中領鄉薦遊太學同舍生有秘書清求觀不與固請約明旦即還生旦往索清曰吾不知何書亦未嘗假書於汝生忿訟於祭酒清即持所假書往見曰此清素所業書即背誦徹卷及問生生無以對祭酒叱生退清出隨以書還生曰吾以子珍秘太甚特相戲耳初清赴舉時道淳化淳化女為妖所憑清宿其家是夜妖不至去却復來女詰之妖曰避耿秀才耳女以告父父追清道故清書

耿清在此四字令粘於户妖遂絶以斯知清正氣可驅邪也甲戌試春闈第三廷對賜第二授翰林編修改監察御史丁丑春召見嘉其材命署都察院左僉都御史偶詿誤下獄壽宥之出守金華已改廵茶川陜建文初擢左都御史改北平叅議往察燕邸動靜　王嘗燕之清言論明爽大被稱賞尋還舊任復爲御史大夫未幾燕兵入京矣當是時　帝以崩聞人心轉向勤王之師無可復徵諸抗疚者澤量若蕉終無裨國勢清不勝憤然欲爲圖度而計畫無奈乃詭自歸附歛容頓首狀與迎降者無異

文皇喜曰吾故人也厚遇之仍其官自是清恒伏利劒於衣袵中伺間發之八月望日早朝清緋衣入先是靈臺奏文曲星犯帝座甚急色赤及是見清獨衣緋　上心動命搜之得匕首於懷詰之清知事不成遂奮身直立張目自鳴曰吾之所以不死者欲爲故主報讐耳今爲此不成天也厲聲嫚駡抉其齒且抉且駡含血直前噀噴御袍聲徹廷陛舉朝臣震恐乃命醢其肉以草實皮械繫長安門是夕精英迭見後　駕過清所忽索自斷厥僵行數武若犯駕狀左右驚怖乃命焚之已而　上晝寢夢清仗劒追繞御

座、驚覺、不怡者良久、曰、清爲厲邪、命赤其族、籍其鄉、轉相攀染、謂之瓜蔓抄、村里爲墟、天啓中、秦人高其義、復專祠祀之。

教諭劉固、字永貞、陝之真寧人、以儒士授山東青州教諭、建文元年、因母老乞歸、許之、時耿清爲都御史、以書招固、蓋以真寧地接代境、時五藩扇亂故也、無何、靖難兵起、固去秦、家江右、意近京師耳、清嫡適固弟國、因與國來京師、依耿、壬午六月、燕兵迫金川門、國勸固出城、固曰、母老、甥幼、一也、况固曾受朝廷厚恩、惟有待死而已、乃潛寄甥於王氏及城陷、固閉門兀坐、又恐驚老母、已而淸以挾劒被族罪連姻婭、固與弟國、母袁、妻張、同日受僇於聚寶門外、固一子名超、年十五、慷慨有力、見父母將刑、惻然憤怒、髮上指、繩縛俱斷、遂躍起奪刑人刀、連砍十餘人、事聞、詔凌遲、固年三十六

按幽忠仙蹟云、近有降於箕者、曰我劉永貞也、名固、因耿大夫禍連誅死、題詩曰、一門都受戮、獨有外甥存、楊僮離乳娘言之、聲亦吞、又詩曰、且酌樽前酒、黃花向坐開、不須談往事、致使野猿哀、人問先生今何

仙曰財入童初宫踰年又有降於箕者詩曰短劒光飛雪還疑練帶鋪龍吟豐邑獄鬼嘯蜀王都燕客竄圖見秦官擁陛呼白虹徒貫日回看繼人無靖難亡臣劉固書又詩曰鳥行白沙上鳥去跡不滅鳥往不復來鳥巢枝已折涼火不生烟枯蒲葉堪結衣鷃那紉蘭椒漿沁心熱明月炤寒霜離離清且冷樹上棲鳥啼幽人未能寢空山來磬聲幽韻流雲結獨行森林中復聽猿悲徹書法遒宕工部侍郎徐良彦有記大學士錢士升續記之如此

逸史曰語神語鬼聖人懼以此疑後世不道道其常而已故經曰事君致身亦以身之外無復能矣景清蹈冐鑊後而枯皮厲鬼　皇帝幾不自安豈妄也哉此其氣直窮千古謂之奇忠可也而以俠客荆軻擬之陋矣彼劉固莊士子超者壯士也使起而任之可以爲將

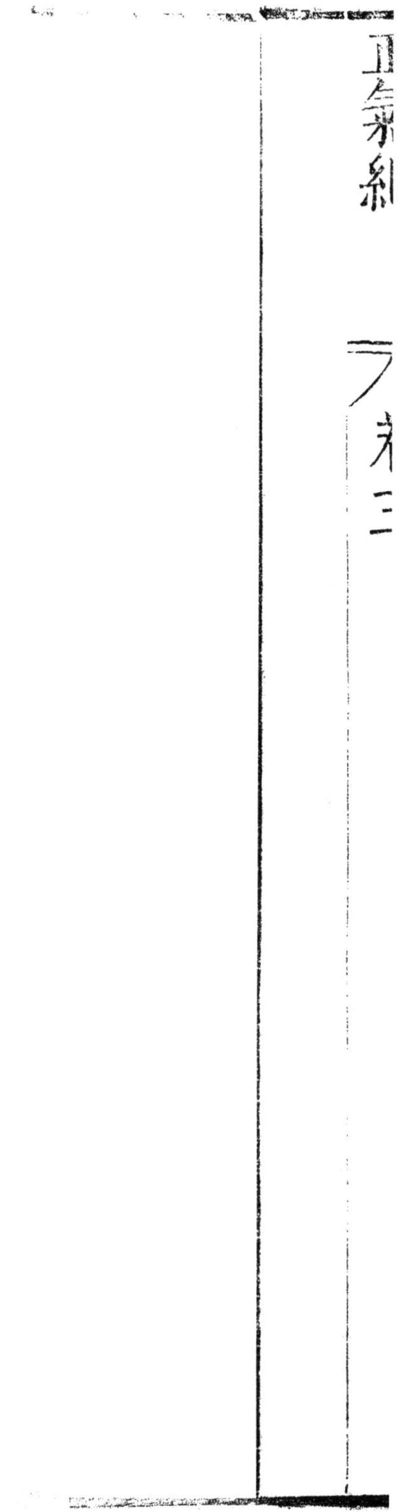

練子寧　　徐子權

御史大夫練子寧，江西新淦人也，名安，以字行，父伯尚，洪武間爲起居注，以直言忤旨，出爲廣德州同知，遷臨汀鎮安二府判，卒於官。子寧少英敏不凡，從其鄉竹庄先生游，命賦水竹村居詩，有千村暮雨泉石通，一夜春雷長籜龍之句，稍長，與金幼孜友善，謂之曰：異日子必爲良臣，我必爲忠臣。洪武甲子，舉於鄉，明年登會試，廷對極言朝廷近日用人，徇名而不責實，小善驟進，小過輙戮，非古人育才之道，甚剴切，擢第二，授翰林編修。子寧益以名節自礪，聲

望蔚然未幾丁母艱杜門屏跡力行喪禮服闋復除翰林
陞副都御史工部侍郎建文初調吏部與蹇義為左右侍
郎以賢否進退為己任多所建白後因罷都察院典刑獄
改為御史府如唐宋御史臺故事職專糾察遷拜子寧為
御史大夫特見信用北兵起子寧與卓敬等畫策防禦時李
景隆姦邪懷異志屢敗召還子寧執景隆於朝數之曰爾
以功臣子兼至戚為上公奉命出師　朝廷何負於汝乃
敢懷貳異志喪師辱國不忠之罪萬死莫贖請速誅之不
聽憤激大呼曰賣　陛下者必此賊臣備員執奸不能除

奸請先伏誅遂罷朝北兵渡淮中外震恐靖江王府長史蕭道用衡府紀善周自修上書論大計指斥用事者誤國書下廷臣及兩人議用事者怒詬兩人子寧從傍阻之曰禍難日迫我輩謀國之臣實尸其咎事已至此尚不容言者乎詬者愧而止及 燕王即位縛子寧至李景隆因前憾請速誅 上責問子寧語不遜斷其舌曰吾欲效周公輔成王耳子寧手探舌血大書地上成王安在遂磔之族其家姻戚張彥存楊文壽等被逮論死者百五十一人戍邊者數百人方孝孺嘗稱子寧多學而文後王佐緝其遺

文序而名之曰金川玉屑嘗過安慶謁余忠宣祠有詩云、將軍忠節冠荆楊千載精神日月光血戰孤城身已殞名垂青史汗猶香殘碑墮淚空秋草折戟沉沙自夕陽我亦有懷追國士爲君感慨奠椒漿識者知其必以忠顯正德初提學李夢陽命有司梓之立祠祀其父子先是子寧妾秦氏有身生子戍所名曰善慶洪熙初放還後僦僅有存者知縣黄尚賢索得一人匿他氏家復其姓俾主祀之

徐子權新淦人洪武乙丑進士爲刑部主事素與子寧友善以名節砥礪京師陷聞子寧死權慟哭賦詩有翹首謝

來國飛魂還故鄉之句遂自經死

逸史曰聞之嘉靖初因賊亂剗滌之半爲峽江練子寧舊居三洲實隸峽峽人請祀之滌人與之爭知府劉玠許兩祀俱存民始安至今百餘年廟享不衰豈非子寧之烈耶余觀子寧居喪孝執奸抗節血煌煌乎成書子權以是死信友矣賢哉俱矣也其感民之深不亦宜乎

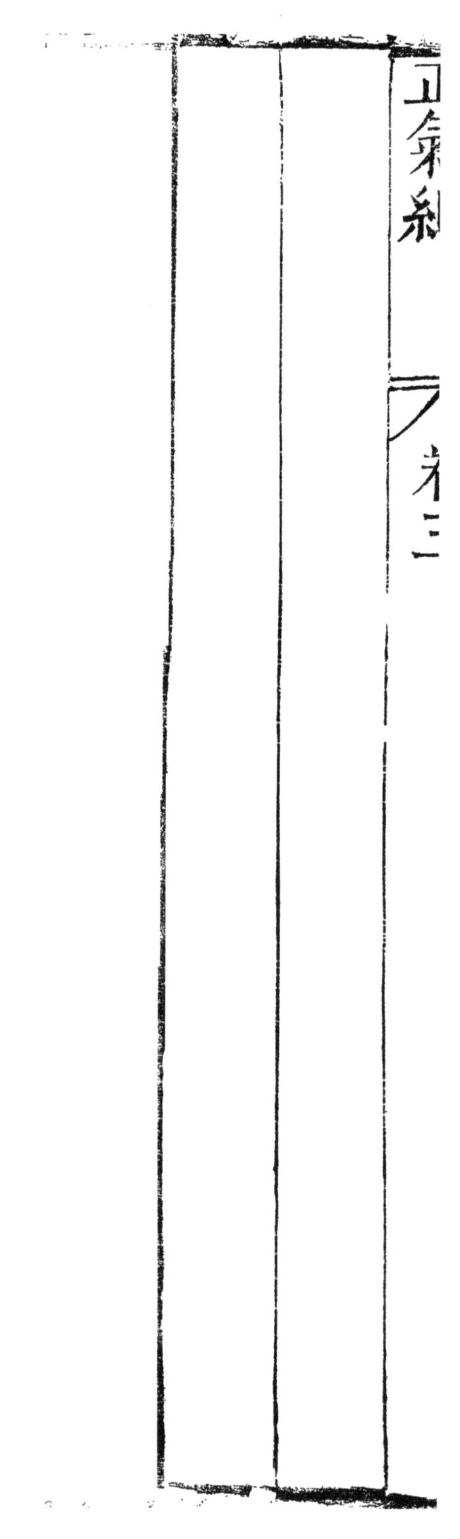

黃觀 妻翁二女

禮部侍中黃觀，貴池人，字伯瀾，一字尚賓。父贅許，姓生觀，初從其姓。幼穎敏，好學有節操，治尚書，補邑庠生。嘗築基徵書舍，受業元翰林侍制黃冔。冔死節於元，觀感奮，益以忠義自勵。洪武甲子，應貢入太學，發解南畿。尋罹外艱，治喪遵古禮。起復，仍入監，造詣益深。嘗繪父母像爲圖，攜以自隨，逐日瞻拜，輒淚下。辛未會試第一。廷對御策，大要以天道福善禍淫之機，人事練兵講武之法爲言。高皇嘉之，擢狀元，除翰林修撰。日侍御前，敷奏明爽。上甚眷重每賜顧問命編寫省貪錄又以有政事材凡法司諸榜文令撰成即書之復命清理軍職貼黄兼管註銷諸司按牘二十九年擢尚寶司卿未幾陞禮部右侍郎建文初屬定官制增左右侍中員次尚書乃改觀侍中仍兼尚寶司卿與方孝孺等日見親用始復黄姓時　燕王來朝觀密疏請留不聽及靖難兵起觀奉命草制諷其散軍歸藩束身謝罪辭極詆斥時北兵已至濟徐間明年渡淮觀奉詔徵兵上遊率諸郡入援奮不顧身且行且募至安慶燕王已渡江矣未幾即位下令暴左班文職奸臣罪狀觀

名第六既而索國寶不知所在或言觀取寶已赴上遊起兵矣即命有司追捕沒入家資收其妻翁氏并二女給配象奴初觀駐安慶聞變慟哭謂友曰吾妻素有志節必不受辱越明日家僮自京逃至言狀是日夫人果被象奴叱出金銀釵釧之屬市酒殽以供合歡需翁佯諾悉與奴持去比出戶即乘間携二女并家屬等人俱赴淮清橋下死觀聞言而慟招魂葬之江上次李陽河復聞　帝已出亡新主御極三日矣觀自分大事已去力不能支乃朝服再拜自投羅刹磯湍急處死舟人急鉤挽之僅得珠絲棕帽

以獻文皇怒命束芻象觀帽之而剉於市族其家并逮姻黨生員朱鼒及翁賽兒瞿金剛奴等百餘人謫戍觀弟靚先匿其幼子逃之他鄉又云靚妻畢霜居母家遺腹生子招其苗裔世居陡灘觀故宅在學宮西貴池令龔守愚即其所立祠祀之有闡幽集錄其遺稿傳世

翁夫人池口人素以女誡自閑志節如丈夫初沒時及二女屍順流至賽工橋相持而立顏面如生蔦魚不敢侵久之土人瘞於橋側人過咸式之又久之池人慟其梓里相與葺理而掩之遞年覆土遂成塚焉萬曆癸卯青陽施益

臣爲封樹立墓貴池里人爲建祠置產以供奉祀虞大儒竝有墓祠記勒石先夫人投水時憤甚嘔血於石中成小影陰雨則見之相傳爲大士影相戒勿踐有僧忽舁致菴中夫人見夢於僧曰我翁夫人黃狀元妻也僧驚訝之因沃以清水悲悽之容恍然側立東向髮鬅鬘鬟人咸異之少司空徐良彥移置清溪侍中祠顔其上曰翁夫人血影石太學生許重熙爲之銘曰湯湯淮流炳炳潔石爰滯貞魂乃昭靈跡金光隱見玉顔映覯宛並飛青怪疑藏碧昭哉侍中有赫烈媛命際蛇竆時逢龍戰神逐魂浮光垂陲

現年歲可遷精英不變儼然慈相悦同梵侶鬱影沉雲幽香陰雨蓬鬆悽容嚴凝悴宇僕固留痕明月印礎璺修容與峩峩悽悽孝娥聖母驂螭駕霓飾我巾幗嗤彼鬚眉貞砥不毁千載傳爇先是宣德二年清溪諸民時時見一冠裳人携二三女即立溪畔薄暮若有聲土人驚異心知其爲公也遂就其地搆廟爲三楹旁列二夾室緣時禁未解不敢顯言寘土穀神像以蔽之後宗伯葉向高史繼偕沈漼等顧瞻遺像唏噓涕洒捐貲拓宇顔其門曰清溪忠節祠泚之諸生三年秋闈合奠以祭

逸史曰侍中觀余同里人也攷其先世德立行修尊賢好義故子姓獲忠孝報云夫高明之家鬼瞰其室節義文章天所靳惜疇鐘其靈而爲百世師哉偉歟侍中身爲屈閭族作田橫禍慘芳流景行奕禩迄今讀其遺文追思愛慕瞻其廟貌低徊不忍去天之報施善人何悠且久哉去王侯富貴生則榮之没則已焉者遠矣

清溪二義士貫池人也未詳姓氏當金川失守　建文帝出亡二士方乘舟聞　燕王已即大位不禁相嚮而哭失聲遂赴水以没竟不欲以身顯此其與皦矯沽名者相去

遠矣迄今都人士泊舟其間見一泓空淥直與西山片石相映而月白猿啼之下二子忠魂隱隱尚在真廉頑立懦之一助也以故清溪有專祠先是附祀黃公祠相傳觀之門人云

逸史曰聞之陶徵士云齊二客魯兩生史並失其名不勝撫卷長息余謂無惜也士苟操行孤潔逃名而名隨之况以大義問水濱乎清溪羅汝師弟淵源幾於洙泗並傳矣美哉洋洋乎

王叔英妻金二女 盛希年 金有聲 朱進 林右

翰林修撰王叔英，字原采，號靜學，浙黄巖人。篤志力學，雅尚風節。洪武中，與楊大中、葉見泰、方孝孺、林右竝徵至京。叔英固辭還鄉，素善孝孺，相與道義切劘，名籍甚。二十年，辟爲仙居學訓導，三十年，改德安府學，陞漢陽知縣，多惠政。有禱雨文。建文初，孝孺欲復井田，叔英貽書力阻之，曰：凡人有才固難，能用其才者尤難。子房之於漢，高能用其才者也；賈誼之於漢，文不能用其才者也。方今明良相值，千載一時，但天下之事，固有行於古而亦可行於今者，如夏時周冕之類是也亦有行於古而難行於今者如井田封建之類是也可行者行則人之從之也易難行而行則人之從之也難從之易則民樂其利從其難則民受其患此君子之用世貴得時措之宜也召爲翰林修撰上資治八策曰務問學謹好惡辨邪正納諫諍審才否愼刑賞明利害定法制皆援古証今鑿鑿可行又曰

太祖除奸剔蠹抑強鋤梗如醫去病如農去草去病急或傷體膚去草嚴或傷禾稼病去則宜調燮其血氣草去則宜培養其根苗　帝嘉納之與孝孺日見信用靖難遊兵逼

江干叔英奉詔募兵行至廣德聞　上遜位慟哭會齊泰弃叔英曰泰貳心令執之泰至告之故乃相抱慟哭共圖後舉已知事不可爲沐浴衣冠書絶命詞藏裾間自經於玄妙觀銀杏樹下詞曰人生穹壤間忠孝貴克全嗟予事君父自省多過愆有志未及竟奇疾忽見纏肥甘空在案對之不能嚥意者造化神有命歸九泉嘗念夷與齊餓死首陽巔周粟豈不佳所見良獨偏高蹤邈難繼偶尔無足傳千秋史官筆愼勿稱希賢又題其案曰生旣久矣未有補於當時死亦徒然庶無慚於後世時六月二十七日年

三十餘歲陳瑛簿錄其家妻金已經死二女赴井死初叔英將死移書與天台道士盛希年葬我祠山麓希年卒收葬於州城西五里許正統中楊士奇題其墓曰嗚呼翰林修撰王原采之墓士奇叔英所薦起也成化中州守莆田周瑛封植表識之嘉靖中郡守葢讁爲州判官立祠奉祀太平知縣曾才漢又建忠節祠幷祀其妻女叔英著有靜修集孝孺嘗稱其文章敷暢紆餘有作者風後謝鐸爲之贊曰武王放伐微子已歸千載而下孰敢是非特立獨行孤竹君子不惑衆見百世以俟豈其周粟入薇乃其我餓

以死惟義之躭昌黎有頌特筆莫記我再拜公痛哭流涕
金有聲河南人累官刑部侍郎素以忠義自矢與叔英言
國家多難之際有不竭股肱而繼忠貞者非人也壬午北
兵南追奉命與黃觀叔英等分道徵兵未至江西而京城
失守矣有聲猶奮不顧身偕指揮朱進期廣募勤王而南
昌百戶劉恩乘間縛獻不屈死之進亦死進常州人也
林右字公輔者浙江臨海人也洪武初爲中書舍人與希
直原采莫逆交嘗奉璽書行邊有勘定功進春坊大學士
命輔導皇太孫以事謫中都教授尋掛冠歸北兵入聞

方王族抄爲位哭於家永樂戊子島夷訌海上台被其毒監司聞右夙材請爲閭里計右強視兵督郡子弟訓練勦平之　成祖繇是知名遣使召之不赴復令武士械至京陛見猶以温語慰勞招就用右對曰罪人逃死已久籍令可用當與方孝孺輩同朝矣　成祖怒命拽出劓之遂死後葉恥齊銓次其遺事鄉人陳龍山爲之傳今祀鄉賢祠

遜史曰余讀原采與希直書酌古準今通變才也有才不克用如抱沉疴不任醫治欲疾愈得乎速身亡醫亦偕亡終無裨於死者矣原采絕命諸辭蓋自傷也一時激烈如有聲久之彌勁若公輔臣忠友義兩不相負者傳曰竭股肱之力加之忠貞不濟則以死繼之三君子之謂乎

劉璟

谷府長史劉璟字仲景文成公基之子也夙沉涵經史善談兵究極韜畧握奇諸書儀貌豐髯辭氣英發延安侯唐勝宗破甌賊葉丁香多决策於璟因薦璟才畧

高皇喜曰璟真伯温兒矣朕欲汝日夕左右考宋紀授閤門使且書除奸敵佞四字於鐵簡賜之令糾正不法蔣都御史袁泰忤旨璟當大廷擊其頂舉朝憚之咸欲其遠去會谷王就封僉議璟忠勇果敢可任輔職乃授谷府長史谷邸在宣府璟設險足兵諸胡屏息嘗至燕　王與奕璟勝

王曰卿獨不少讓我耶環正色對曰可讓則讓不可讓環不敢讓也靖難兵起環隨谷王還朝獻十六策不聽命參李景隆軍事景隆又不聽戰敗環夜半渡蘆溝河氷陷馬蹶環力跳登岸冒雪走良鄉趾裂跛行三十里環子貊自大同赴難越良鄉至涿州遇環翼之上馬奔還遂養疾建文二年輿疾赴闕進聞見錄千萬言有裨時用又不聽環無如之何也壬午 文皇帝即位環堅卧不起因逮之臨行親族勸之曰今 上神武過唐宗先生忠貞允爲魏徵可也不宜自底刑辟環瞋目視曰爾謂我學魏徵耶吾志

決矣入見抗聲不讓猶稱殿下曰殿下百世後逃不得一箇字　詔下獄一夕自經死法官欲坐其家　文皇以文成故不許乃得歸葬嘉靖間提學副使萬潮肖像配享文成祠大學士錢士升贊曰矯矯仲景是父是子一死不苟而況生死勇過賁諸千秋一字遣天信心獨成吾是

逸史曰諺云讀書不識字人疑之及希直語門人曰爾讀書幾年尚不識箇是字璟對　文皇亦曰千秋後逃不得一箇字噫嘻一字何字也字義雖繁止爭是非而已非是即非此春秋所以嚴一字也璟之死亦自成

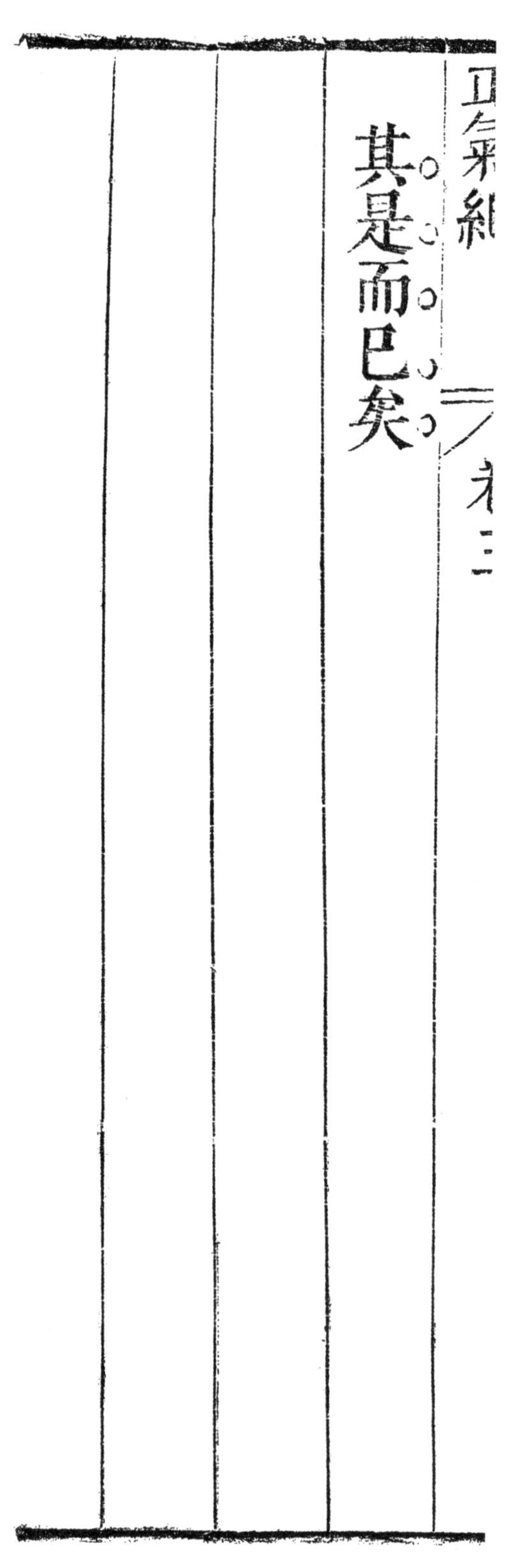

正氣紀　卷三

其是而已矣

高巍　高不危

高巍山西遼州人母蕭老而固疾巍奉湯藥不懈母亡廬墓蔬食三年洪武十五年貢入太學十七年以孝行旌尋授前軍都督府斷事上疏墾河南山東北平荒田及抑末技慎選舉惜名器數事

太祖嘉納之後坐斷事忤旨議賢量謫貴州關索嶺許姪代役建文初乞歸田里許之既而遼州知州王欽應詔辟巍赴銓曹上書論政事畧曰

太祖有文王純一之德　皇后有后妃不妬之行百男君王

上齊三代分茅胙土先據形勢關陝百二山河其民悍勇西鄰吐番故以藩王之長秦府王之山西表裏山河地産良馬其民剛壯所謂山西出將者也北近胡虜故以晉府王之燕國雖無名山大川之限其南冀州真定保定順德廣平大名諸府所謂桑土之野坦平肥沃其北雖沙漠不毛然廣畜馬牛其人衣皮食肉馳射是務遼金殘元藉之興業故以燕府王之四川辟在西南一隅山河阻深劉備據之虎視吳魏故以蜀府王之其餘楚湘齊兖寧遼谷代慶肅星羅棊布比諸古制雖分封過當然

太祖聖意莫不欲護中國而屏四夷也今各處親王多驕逸不法違犯朝制不削則廢紀綱削之則傷親親之恩此皇上所難處也賈誼曰欲天下之治安莫要於衆建諸侯而少其力力少則易使以義國少則無邪心令海內之勢如身之使臂臂之使指莫不率從臣裁諸侯之長策也今盍師其意下推恩之令命秦晉燕蜀四府子弟分王齊兗吳楚湘潭齊兗吳楚湘潭分王秦晉燕蜀其餘皆然則藩王之權不削而自弱矣臣又願益隆親親之禮歲時伏臘使人饋問賢如河間東平下詔褒賞驕逸不法如淮南濟

北初犯則容再犯則赦之不改者合親王告太廟削其地而廢處之豈有不順服者哉　帝奇其才會靖難兵起命從李景隆出師叅贊巍復請使燕曉以禍福感以親親之誼令其休兵歸藩以代朝廷數十萬之師遂遣往巍自稱

國朝處士臣某再拜上書燕國大王巍聞世之所謂大丈夫者以其爲國家排難解紛上足安宗社下足安黎庶而無一毫徼利干譽之心焉爾巍雖無丈夫之才而有丈夫之志慕魯仲連之爲人喜與人排難解紛附名世而不朽也願我

太祖上賓今天子布維新之政下養老之詔天下莫不感悅不意大王與朝廷有隙張皇三軍抗禦六師不知其出何名今在朝諸臣執言仗義以順討逆殆無不勝之理巍不忍兵連禍稔挺身開說以爲逞纖芥之積忿而覆百萬之生靈豈仁智之爲哉巍有一策解隙以和使帝者復帝王者復王君臣之義大明骨肉之恩愈厚巍所以置死度外來見大王欲盡一言求頸血汚地者蓋夙許

太祖以殯首結草之報豈他有求哉昔周公遭流言居東土以俟成王之悟大王誠解護衛休甲兵釋骨肉猜忌之疑

塞饞賊離間之口不與周公比隆哉慮不及此使任事者得藉口以爲殿下實欲效漢吳王倡七國以誅晁錯爲名家必自毀然後人毀之萬一有失大王獲罪先帝矣今大王據北平取密雲下永平襲雄縣掩眞定雖易若建瓴但自興兵以來經數月尚不能出區區一隅之地較以天下十五而未有一焉大王將士殆亦疲矣況朝廷以天下無窮之師大王以一國有限之衆應之大王同心之士大約不過三十萬大王與今天子義則君臣親則骨肉尚生離間之疑況三十萬異姓可保終身效死於殿下乎若大王信

巍言上表謝罪按甲休兵朝廷寬宥再修親好天意順人心和　太祖在天之靈亦安矣不然執迷不回捨千乘之尊捐一國之富恃小勝忘大義以寡敵衆僥倖悖事巍不知孰優况大喪未終毒興師旅其與泰伯求仁讓國之事不大徑庭乎雖大王有淸夷朝廷之心天下不無簒奪嫡統之議幸而事成固中大王之計萬世公論以爲何如倘有蹉跌於斯時也追復懷款之愚其可得歟願大王熟思而審處焉書上不報又上書援周公引詩書反復數千言亦不報已景隆兵敗巍自拔南歸二年五月遇鐵鉉於

臨邑相持慟哭其矢效死遂趨濟南守城拒退北兵魏賦志喜有曰至濟南而被圍思張巡之忠堅幸遇知己之鐵相更從英華以雲聯若徐將軍之赳赳盛統兵之桓桓僉憲高公之糾慢大參宋公之周旋掠陣張都統之能勇給儲王太守之從權吾道王府校之論議斯文王肯搆之勉旃衆資羣策屈力保全盛統兵者盛庸也餘不可考矣京城破巍慷慨激烈縊死驛舍又有高不危者官淮郡同時死義家屬男婦十三名男繼兒充軍項兒監候決九年三月尚在監弟宣年二十七戍海南衛或曰不危巍字也非

是變後續奸臣𦞂二十六人不危與焉

逸史曰偉矣參軍古策士儔歟然策士辭炫而衷浮謀譎而識卑參軍過人遠矣先策其散權推恩智深也繼之以排難解紛勇沉也濟寧之役泣血飲戈戰守畢竭文皇固無如之何矣卒之雉經驛亭天也得正而斃也豈侯生田光比哉

遜國正氣紀卷三終

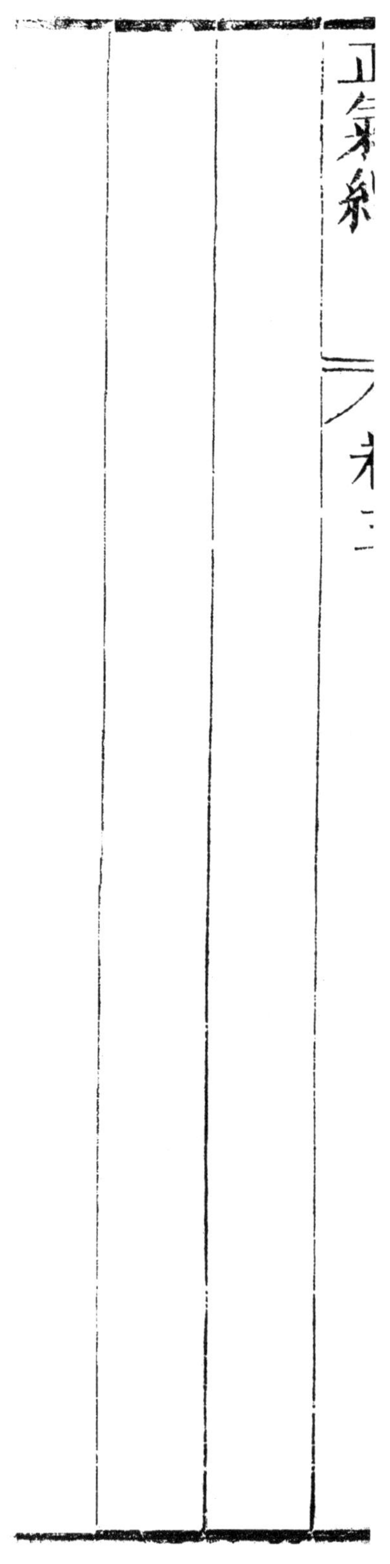
正氣紀
卷三

遜國正氣紀卷四

逸史曹參芳輯次　同郡後學劉襄祚較閱

陳迪　妻管　黄魁　暴昭

陳迪字景道寧國宣城人祖宥賢父仲康國初從征有功世撫州守禦百戶因家焉幼倜儻有志操洪武初辟爲郡學訓導嘗代郡草　萬壽表

高皇覽而異之十二年以通經薦爲翰林編修陞侍講預修大典轉山東左參政捕蝗彌盜民德之丁內艱奪情起復辭不允晉雲南右布政使時普定曲靖烏撒烏蒙諸夷煽

亂迪率士兵擊破之捷聞賜金幣

讓帝即位改官制定六部一品徵迪爲禮部尚書屬時更修制度詔羣臣集議條奏沿革損益迪議居多二年知貢舉時四方以水旱聞迪請赦法司擇公廉仁厚者分詣郡縣審録獄囚無令久淹致傷天和且逃民家業既喪且畏公私逋負失今不恤必嘯聚爲患宜使有司招徠其不願歸者聽附籍種田暫免差役則民安而盜息矣凡二十餘事皆從之靖難兵起與齊泰黄子澄上疏陳大計極論李景隆奸邪不可任軍權恐損國威時受命督軍儲於外過家

不入聞變即赴京師

文皇已即位召迪責問迪抗聲指斥併收其子鳳山丹山等六人同磔於市將刑鳳山呼曰父累我迪叱勿言嫚駡不已命割鳳山等鼻舌食迪迪吐之益詬詈比死不輟聲人於迪衣帶中得詩云三受天王顧命新山河帶礪此絲綸千秋公論明於日照徹區區不二心又有五噫歌並悲烈蒼頭候來保拾其遺骸歸葬邑許家橋迪妻管氏合門縊死遺孤呱呱五月鄰女芮氏從潰中潛出之至八歲事覺遣戍蓬萊縣族戚被戍者一百八十餘人洪熙初詔釋親

族等輩還鄉給產成化初郡人祀迪於鄉賢後郡守涂觀復於迪故居立祠祀之嘉靖中吏部郎李默謫判寧國復建崇祠郡人私諡曰靖獻

禮部侍郎黃魁不知何許人建文中屢官授今職魁操行古雅有文學習典禮與觀迪同寅和衷二人敬愛之靖難初觀兩公忠烈魁亦不屈死今與迪俱附祀觀祠中

逸史曰偉哉宗伯文武才也出捍滇蠻入典禮秩經綸萬端較若畫一咸望其總理海內整齊萬民者也乃時窮龍戰揕胸堂陛父子精忠矢諸天日僚友感憤同爲

殞越余讀衣帶歌辭想見其騎飛駁氣駕雷霆而叱星辰於昭於無垠之宇矣彼飾媚骨者不望之魂銷哉

刑部尚書暴昭山西潞州人洪武中以才望薦舉北平布政使參政既擢都察院左都御史風裁峻偉轉刑部侍郎二十九年取大誥條附載於律名曰大明律誥建文初充北平採訪使甫入境聞變急走歸聞　帝請預備方畧燕王負而恨之朝議北平雖破當設官禦敵採有才望者遂陞昭刑部尚書掌平燕布政使事駐真定既平安師敗召還昭陳防禦策甚詳不能用及金川門失守出亡被執

抗言大義。聲色俱厲。文皇怒。去齒、以手指之。截手、脚蹴。截足、猶詈聲不絕。斷頭乃已。

逸史曰。嗟乎昭也。聲絕而身殞。形銷而神化。浩氣還於太虛。百世仰其芳芬。過於斷頭將軍遠矣。

胡閏 女郡奴 張仲禮

大理寺少卿胡松友江西鄱陽人也名閏少與吳存何英徐素爲同志友以忠義相砥礪嘗畫松長沙王廟壁題曰蒼虬出壑復詩曰幽人無俗懷寫此蒼龍骨九天風雨來飛騰作靈物元至正二十一年時

太祖爲吳王下饒州見廟中詩召見稱賞洪武四年郡舉閏秀才 上曰此題詩鄱陽廟壁者耶授都督府都事進經歷至建文初始以直諒選爲右補闕累進大理寺少卿北兵起數與齊黄輩密謀設法防禦又請 帝誅徐增壽遜

國後召方孝孺草詔繼召閏及高翔皆衰絰至哭聲徹殿
廬　上召閏先入諭令更服閏曰死即死耳服不可更
上以族誅恐之閏抗聲不屈命力士以瓜落其齒齒盡罵
猶不絶　上大怒縊殺之以石灰水浸脫其皮實以草懸
武功坊郎日籍其家子傳慶同死傳福方六歲發鞍轡局
習匠已戍雲南交趾後衛抄提全家二百七十人陳瑛復
羅織姻婭數百家男女悉抄提至東市冤號之聲徹天兩
列御史皆掩泣瑛亦色慘謂人曰不以叛逆處此輩則我
等歸附無名聞者悲之閏女名郡奴時四歲其母王縛受

荊郡奴自懷中墮地一卒提入功臣家付厨中婢收之郡奴昏睡夢與父母相持泣覺則抱一猫卧也稍長識大義髮至寸即自裁去日以灰汙面秃垢二十餘年功臣家不以人畜之洪熙初赦諸死事者苗裔郡奴得同女輩乞歸鄱陽貧無所依鄉人憐之曰此忠臣女也爭餽遺不絕郡奴所受免死而已年五十六而終誓爲貞女不適人鄉人謚曰忠毅貞姑嘉靖中提學邵鋭立祠祀閏萬曆二十年鄱令儲昌祚以郡奴祔焉

按胡族在城西隅頭輔坊抄提胡族男女共二百一十

七人一路無人烟雨夜時有光怪有一猿嘗哀鳴徹曉聲震四隅聞者悲慘凡與聞有姻連者俱差舍人柴斌簿錄到院家財入官老弱死道途死桎梏者無算幼男置竹筐肩挑赴戍中途困踣輒棄之得至戍所者率一丁一衛骨肉四散尤不忍言萬曆初御史屠方叔請旨放還鄞令程朝京榜於邑門忽爲旋風攝入天際若素鸞翔迴自午迄申復還廳中一時聚觀者幾萬人事詳英風紀異録

知府張仲禮虢州人也國初以賢良徵縣教官歷陞惠州

府郡職居官清儉不攜家室獨侄張福縁任饔飧以胡閏外親抄提全家解院陳瑛疑家財未盡復差柴斌行廣東直指差官兵同至惠州簿録斌怒仲禮無宦橐痛加桎拲仲禮徒步出府門合郡民大哭曰仁人也爭賂斌求寛廹至饒見仲禮蕭然四壁大失望遂用非刑福縁先死仲禮戍耳州到衛死尋滅族

逸史曰語云君行令臣行志聞之衰經哭踊豈不以君令足致喪身赤族耶而安若茹薺志使然耳嗟夫君令臣志固極矣柰何罪哀猿也程濟載 帝遁蜀中夜聞

人逃諸臣慘殺事。乃泫然作色而悲之。曰吾獲罪於神明矣。諸人皆爲我也。傷心哉。言乎。

高翔

監察御史高翔者，陜朝邑人也，饒文學，矜名節。洪武中以明經徵爲御史，職所論奏，皆國家機要，多被采納。建文時尤戮力戎事，相與激發忠義。初翔與程濟並欲翔厲行誼，濟好術數，翔止勿爲此，不聽。已而有兵事，濟又勸翔學其術，翔曰：我願爲忠臣也。金川門破，翔招濟同死，濟曰：我願爲智士也。

文皇素聞翔名，即位後召之，翔持喪服入見，大哭，語不遜，乃命殺之，沒產，夷族，諸給高氏產者，皆加稅，曰：令世世罵翔。

也親戚悉戍邊尨發其先塚雜犬馬骨焚灰揚之而以其地爲瀦澤園

逸史曰智士忠臣各行其願素所蓄積然也違之則傷心全之則愉悅無負所懷來而已故哀麻之哭得君也祖骨之燔有子也殺身夷族信友也嗚呼上不負君親下不負朋友綱常名義萃於一身矣後裔何怨何詈哉

陳性善　黄墀　陳子方

副都御史陳性善、名復初、以字行、浙山陰人也、洪武十八年、進士、臚唱過御前、高廟見其容止凝重、屬目久之、曰君子人也、授行人司副、遷翰林簡討、誠意伯劉基卒、上遣御史李鐸往取秘書、基子璉出觀象玩占以獻、乃召善楷書者入便殿繙録、性善與焉、時上威嚴、進見者咸惴恐、或惶汗不成一字、性善獨動止安雅、書法姸正、上嘉悅、賜酒、久之、晋禮部左侍郎、讓帝爲皇太孫時、熟聞性善名、及即位、一日退朝召性善賜坐問治天下之要使手書以進性善感知遇盡所欲言朝廷悉從之然施行未竟輒改性善請見曰陛下不以臣愚猥承顧問臣既僭塵上聽許臣必行今詔書云然是爲法自戾何以信天下　帝爲動容北兵南下改性善副都御史監軍靈璧戰敗性善與大理丞彭與明天官劉伯完指揮王資皆被執旋縱遣之性善愧忿衣朝服躍馬入河而死靖難後追戮家徙邊尋赦還同時有黃墀陳子方皆餘姚人與性善友性善死二人約赴難墀有詩曰爲臣直欲效全忠豈料翻成與叛同子方詩云北狩縶藏

青史筆南還猶是白頭翁

逸史曰嗟乎性善脱萬死以還亦若傾否賜新可死可不死矣而必死之死而必朝服何哉其子路結纓子輿易簀遺意也且識靈壁之敗天意有屬謀臣戰士固盡誤矣即還而立朝能轉敗爲功哉與其再誤引刃曷若速問水濱耶君子謂死貴知幾信矣夫

王艮　陳忠

修撰王艮字敬止吉水人少孤事母孝建文元年舉江西第一明年舉禮部廷對策最優以貌不揚易胡靖第一艮次之又次李貫並授翰林如洪武乙丑故事艮初聞靖難兵起輒憂憤不食及渡淮與妻子訣曰食人之祿者死人之事吾不可復生矣安能顧若等哉迨北兵入城胡靖解縉吳溥爲艮鄉人皆集溥舍縉陳説大義靖亦憤激慷慨艮獨流涕不言溥曰三子受知最深事在頃刻若溥去就固可從容也隨别去時溥子與弼尚幼歎曰胡叔能仗節

大是佳事溥曰不然獨王叔死耳語未畢隔墻聞靖呼曰外閙甚可看豬溥顧與弼曰一豬尚不忍寧自忍乎須臾艮舍哭聲動已伏鴆死矣靖縉與貫皆迎附永樂初出建文時羣臣封事千餘通命貫縉等編閱凾軍馬田粮數盡焚諸干犯者因從容問貫縉等曰爾等宜皆有之衆未對貫獨頓首曰臣貫實未嘗有也　上曰爾以是為美耶食其祿思盡其事當國家危急時官近侍獨無一言可乎朕非惡夫盡心於建文者但惡導建文壞法亂紀耳爾等前日事彼則忠於彼今日事朕當忠於朕不必曲自遮蔽也

後貫遷中允坐累繫十年竟死獄臨終嘆曰吾愧見王敬止矣

逸史曰君父之間雖不言報施顧士爲知己死耳王修撰艮其無愧也觀其訣妻子語畢國士報矣彼同儕並以草莽受殊恩侍側紫宸方期顧名義永作干城一旦營私狐媚新廷唇吻遺臭上通於天豈曰羞見王敬止已哉

陳忠字思中浙之鄞縣人洪武甲戌進士二名官編修素與王艮友善相勗以道德每語及北兵憤激欲死及金川

門破，忠知民必殉難，遂嘔血而死。別紀民以辛巳九月卒，非是。三陽採遺記有曰：烈烈王公，伏鴆自死，乃有編修，同心知己，霜雪並操，汗芳青史。哀哉！飼豬徒增愧耻，蓋實録也。

周是修　廖昇

紀善周是修名德江西泰和人元季兵亂奉母避難苦行力學洪武末舉明經爲霍丘訓導入見　上目曰汝家居何爲對曰教人孝弟力田耳　上喜擢周府奉祀正踰年從王北征至黒山還陞紀善王毎令作賦援筆立就思如湧泉王深敬重之有告王不法者官屬皆下吏是修以嘗諫得免改衡府紀善衡王者　讓皇帝弟也嘗是時尚未之國是修留京預修纂翰林好薦達知名士陳説國家大計及北兵渡淮與蕭道用上書指斥用事者誤國用事者

怒共挫折之是修屹不爲動金川失守宫中自焚是修留書別友人付以後事具衣冠爲贊繫衣帶上入應天府學拜先師畢自經死於尊經閣年四十九是修外和内剛志操卓犖非其義一毫不苟得也嘗曰忠臣不以得失計故言無不直烈女不爲生死累故行無不果乃輯古今忠節事爲觀感録其學自經史百氏至陰陽醫卜靡不通究爲文必先理致未嘗搆思而雍容雅贍詞理條達所著有詩小序詩譜集義論語類篇廣衍太極圖綱常懿範邇言家訓務菀集進思集等書初是修與楊士奇解縉胡靖金幼

孜黄淮胡儼約同死義惟是修不負其言既死陳瑛言其不順天命請加誅戮、文皇曰彼食其祿自盡其心耳勿問後士奇爲作傳語其子轅曰脫我當時偕死誰爲若翁傳聞者笑之萬曆中焦竑言於督學饒位卽是修死所立祠祀之

逸史曰我國家不乏節義士顧以理學而兼之者希直是修其人也余嘗讀進思集綱常懿範諸書知其有學有守養之素矣揭萬年嘗與余言曰吾鄉先輩周子是修當時學者望而敬之有不可奪之操迄今仰而思

之有不可及之德殆君子人與噫節義不足重周子而周子爲節義重矣私心嚮往之

少卿廖昇湖廣襄陽人未詳所以進以學行名與方孝孺王紳輩友善洪武二十九年繇左府斷事擢太常少卿建文初修

高皇實錄正月勅昇爲纂修官靖難兵渡江茹常等自龍潭敗還昇聞之遂慟哭與家人訣自經死都御史陳瑛奏昇與黃觀王叔英周是修王艮顏伯瑋等皆不順天命究其存心與叛逆等宜追戮詔勿問

逸史曰元臣福壽爲元守死者也　高皇且卹後賜祠吳臣呂珍送欵前驅者也　高皇卽斬市殉衆推其初豈不德珍讐福壽哉胡德以誅讐以封賞爵異施耶慮無以昭正氣風奕世耳我　文皇守家法不因佞舌讐諸忠仁哉厥後陳瑛羅織屠毒未已旋遭孥戮天道好還昭然不爽吁可畏也已

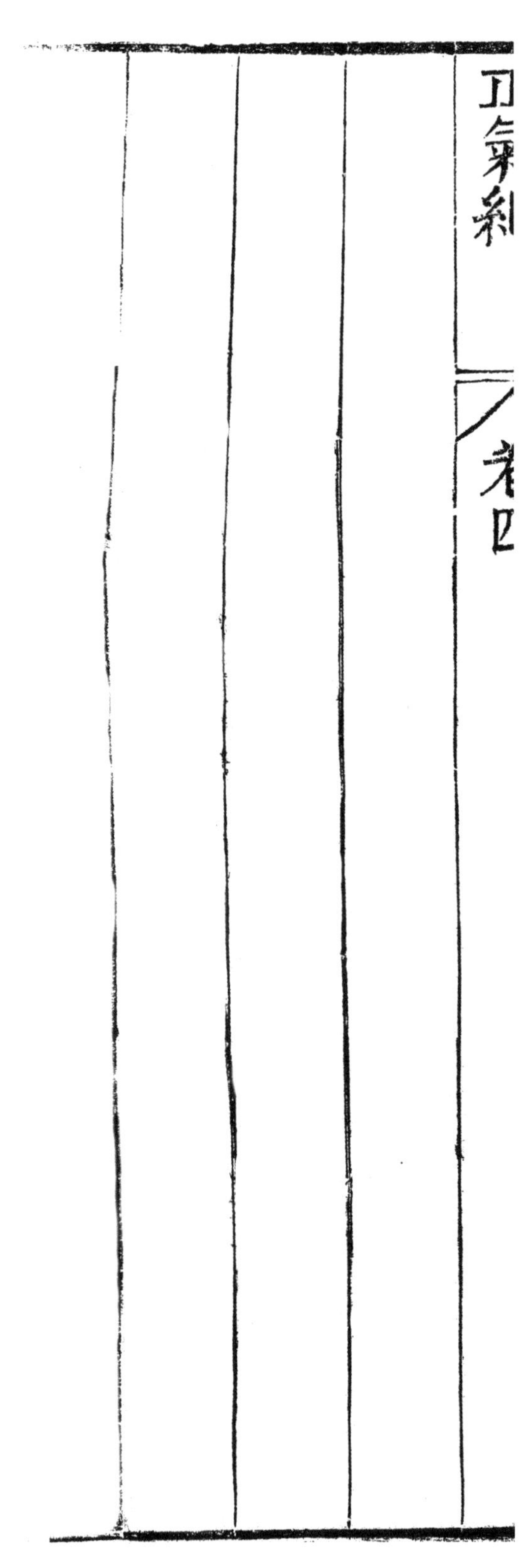

程本立

按察副使程本立字原道系出伊川上世徙杭再徙崇德今析桐鄉父德剛通書史法律負才氣不仕元將路成兵過皂林暴掠德剛爲陳利害成稱善戢其部衆欲奉官之以疾辭去立本少有大志讀書不務章句與海鹽沈壽康友善壽康敦孝行南臺論薦與官力辭不受鄉人稱爲孝隱先生嘗與本立言世之學者爭務科舉以經學爲名而無實吾所不取子之質近厚年且富當志於聖賢之學本立繇是篤志修行聞金華朱彥修兄弟得考亭正傳於許

謙往就學焉造詣日深洪武丙辰舉明經秀才擢秦府引禮舍人召見賜楮幣鞍馬在任五月以毋艱去官服除補周府從王之國丁卯從王入覲坐纍謫雲南馬龍他郎長官司吏目留家大梁携一僕之任會夗可代煽誘百夷為亂本立單騎入其巢諭以順逆利害諸酋感悅未幾復變西平侯沐英布政使張紞知本立賢屬行縣典兵事且撫且禦本立矢捐軀以救一方山行野宿不避艱險自楚雄姚安抵大理永昌鶴慶麗江往來綏輯凡九載繇是軍民安業戊寅奏計京師府尹向寶學士董倫交薦之乃徵

入翰林纂修

太祖實錄署左僉都御史本立作御史箴以自勵侔入之外不通餽謁壬午實錄成出爲江西副使未及行値北兵渡江本立悲憤自縊死六月十三日也後三日詔追奪其恩典家無遺貲所著有巽隱集郡人吳昺官福建僉事刊布之邑人祀本立於鄉賢祠

逸史曰慨自鄒魯失傳伊洛倡明程氏之學有淵源矣原道繼承前訓與希直是修葺互相闡發始識道之大原出於天賦於人則爲仁義禮智信散於倫則爲君臣

父子夫婦兄弟朋友盡倫即所以盡道不容虛假故惟聖人爲人倫之至不然雖事功如管晏智謀如良平文史如班馬曠達如莊列撥之倫理不無歉於心歉於心即賊於道也故諸先生於成仁取義務爲實踐粉身夷族亦所不惜以期無歉於心耳噫嘻名節爲道之藩籬藩籬不守而欲入道難矣

茅大方

副都御史茅大方，一曰毛大方，揚州太興人也。博學能文，少有奇名。嘗謁孟廟，有千古難忘義利詞之句，時皆遜服。或贈之詩曰：陸機此日能爲賦，賈誼何年復獻書。洪武中，以儒士應辟，典教淮南。考績入朝，召對稱旨，擢泰府長史。出制詞褒美，勉以董子輔相之業，賜賚甚寵。大方感激輔王盡職，自顏其堂曰希董，以彰聖訓，且著其志焉。方孝孺爲記，稱其神氣儁卓，敦篤和雅，不亢不諂，深得正誼明道之旨。建文中，累擢右副都御史。靖難兵起，憤國命日蹙，遺詩淮南守將梅殷曰幽燕消息近如何聞道將軍志不磨縱有火龍翻地軸莫教鐵騎過天河關中事業蕭丞相塞外功勲馬伏波老我不才無補報臨風一嘆一長歌情詞激烈聞者壯之壬午變後牓續奸黨茅與焉既而被執不屈與其子順童道壽文生同日受刑臨終嘆曰天理在人心吾得死所矣二孫添生歸生死獄中妻張發教坊尋死命棄其屍遺文五卷郡人儲巏輯之名曰希董集行世

遜史曰余讀茅大方謁孟廟辭慨斯道之在天下如日月之在中天也天不乏陰雲晦蒙而日月未嘗不行乎

其間世不乏殘刑横殺天理未嘗不在人心秦能威臧六國不能威六國之民不思故主莽能詐移漢祚不能詐漢民不戴舊德則知國可臧人心不可臧董子正心以正朝廷探其原也茅公志欲希董亦有見於此乎噫微矣哉

王良妻

按察使王良，字天性，河南祥符人。以明經舉爲吏部郎，歷官刑部左侍郎。建文中，坐閒燕府人罪不當，左遷浙江按察使。謁岳鄂王墓，誓曰：「苟媿武穆，非人也。」壬午聞變，痛哭，誓以必死。會命使召良，良執使者將斬以狥，爲衆刼去。良還坐堂上，集諸司印凡九，携歸衙舍，嗟嘆躊躇。妻問故，良曰：「吾分應死，顧思所以處汝耳。」妻笑曰：「我何難？君爲男子，乃爲婦人謀乎？」遂命妾饋良食，抱其子欷歔，如厠，置子池傍，自投水死。良起而殮之，即列薪於戶，閉其家人毋得出

令妾抱幼子托鄉人之客於杭者以全宗祀遂舉火抱印闔舍焚死時六月二十一日事聞

文皇曰死自其分印信安得擅毀詔徙其家於邊良死後風雨晦冥人或見其出没後官不敢葺宅以居正德間按察使梁材改公署東亭爲祠祀之提學副使劉瑞作記銘曰允烈王公委其靈矣火其身不火其名矣億千萬世赫且明矣

遜史曰賢妃助國君之政高士弘清淳之風豈王氏事耶李贄曰良以閒燕人罪從末減後謫則其人已大有

學識可任用矣詔召葢欲用之也良乃與夫人從容飲

雖建文印信亦不肯留與

文皇嗚呼烈哉

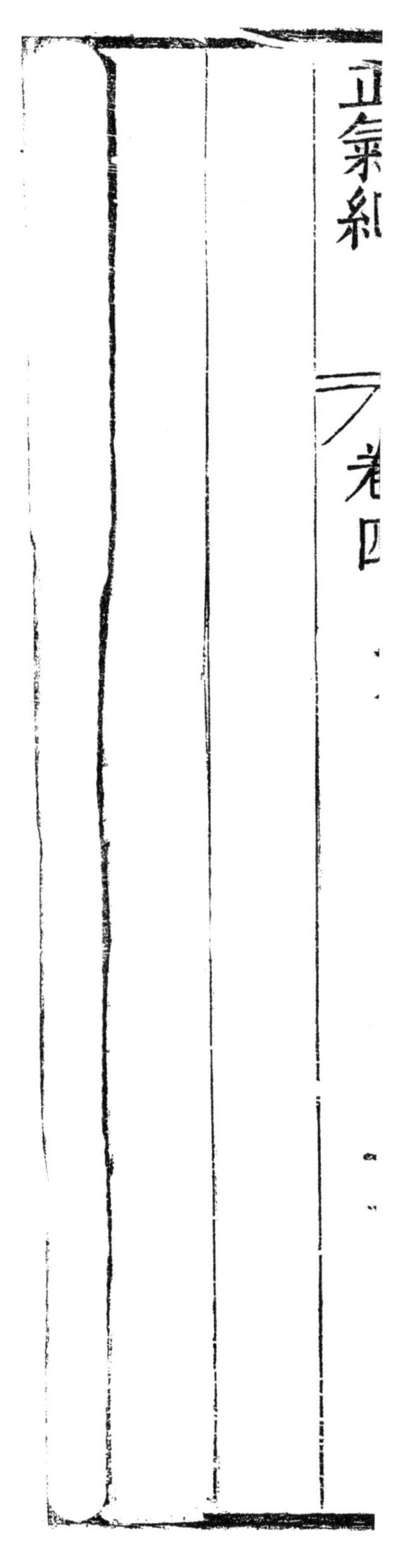

王彬

御史王彬字文質兖州人洪武中進士擢是職巡淮楊北兵至彬與指揮崇剛共守楊城指揮王禮欲舉城降彬知之執禮繫獄彬外禦内防極盡經營不解甲七日有力士能舉千斤彬常隨以自衞北兵飛書城中有縛王御史者官三品左右生異心憚力士莫敢縛禮弟崇厚賂力士母誘其子出會彬解甲方浴崇與千戸徐政排闥直入縛彬以獻彬不屈死之妻子皆死政遂出禮於獄與江都知縣張本開門迎降正統閒彬白日現形院中親與提學副使

劉瑞談其遇害事正德中楊州祀彬名宦

逸史曰我　國家疆圉鞏固古未有之即就南計北梳洪洞南俯具區東環滄海西納大江誰敢睥睨以何故守江者先守淮是時爲燕謀者從淮取道阻於殷從鳳渡河扼於安僅乘間抵維楊假彬能堅守殷擣其後庸擊其傍亘其鎭援應詎得飛渡哉而釁自內作萬里長城一朝殞壞嗟乎天也

曾鳳韶妻李　王度　鄒瑾　鄒朴　魏冕
司中　董鏞　周璿　謝昇　李文敏
甘霖　丁志芳　黃清　馬坤

監察御史曾鳳韶，江西廬陵人。洪武末登進士，建文初擢是職。會藩王入覲，有馳皇道入且不拜者。鳳韶侍班，言殿上宜行君臣之禮，宮中乃叙叔姪之情，繇皇道、不拜，大不敬。帝曰：至親勿問。及北兵起，朝議遣使持詔諭解兵，無敢行者。鳳韶毅然請行。至軍前不納，乃取竹通節入詔，鼓風達之，不報。還，屢疏禦敵，不用。帝出亾，請從。帝曰：多人不能無生得失摩使散鳳韶泣曰頃卽以死報陛下矣靖難後知鳳韶剛直有爲召復御史不至尋加侍郎亦不至乃刺血書憤辭於襟上曰予生廬陵忠節之鄉素負立朝骨鯁之腸讀書而登進士第仕宦而至繡衣卽旣一死之得宜可含笑於地下而不愧吾文天祥屬妻李子公望曰我死勿易我衣殮遂自殺年二十九李亦自經死一時御史殉難者十餘人

山東道御史王度字子中廣東歸善人少力學通經史文行爲鄉里師以明經薦爲是職繩糾不避權貴同鳳韶以

直聲聞旣十餘上多采用北兵起度與齊黃等調兵食旣而監庚辰會試翕然稱得人時景隆屢敗退保濟寧以盛庸代之度容陳便宜有東昌之捷及召景隆還赦不誅且用景隆忌庸功以言間之并讒度度稍疎斥北兵日迫濟寧告急度力請募兵益戰有小河之捷勑度勞軍徐州及還而鳳陽失守矣方孝孺與度書誓死社稷壬午變後坐奸黨戍賀縣尋以出語不遜論死夷其族時年四十七戍粵東者百五十餘人萬曆初　詔赦諸死節族黨在戍者惠州守黃時雨詢得度後三十五丁悉與除籍且捐俸新

表忠祠祀之

鄒瑾江西永豐人洪武初嘗官重慶邂逅金華王紳握手如故紳稱其議論磊落忠義人也既而至成都一時賢達聞風傾注尋以薦至京建文中擢大理寺丞念切時艱屢疏防禦北兵逼京城與甥魏冕毆徐增壽於朝請誅之帝亡去瑾慟哭自殺尋夷族男婦死者四百四十八人

監察御史鄒朴字爾愚永豐人建文初以儒官仕周府直言極諫王不聽及事覺朝臣以朴諫疏聞　帝嘉其忠召至京擢是職尋陞秦府長史歸省聞鄒瑾死憤激不食卒

時稱永豐雙璧云

監察御史魏冕亦永豐人建文初擢是職勁直有才名屢陳時政靖難兵至都督徐增壽開門叛納冕與鄒瑾率同僚十八人當殿毆之幾死會輟朝大呼請速加誅臣等義不與此賊俱生御史曾鳳韶翰林史仲彬及張統廖平胡閏等復力請 帝怒而手刃之明日宮中火起傳聞 帝崩矣或勸冕同楊胡輩迎附冕厲聲曰使吾敗臣節明主亦惡用二心殘喘祇自壞耳遂自殺後陳瑛請追戮詔夷其族

僉都御史司中陝鞏昌人也洪武二十九年以監察御史署都察院屢有直聲建文初擢是職壬午變後召中詰責中語不遜復肆詈聲命以鐵帚刷其膚肉至盡方已姻婭同死者八十餘人

監察御史董鏞長沙人字伯庸以文學薦入太學博洽有才名建文初擢是職諸御史中凡氣節效忠者皆集會鏞宅相誓以死將較懷二心不力戰者輒露章劾之靖難後詬肆不屈以奸黨夷族女發教坊姻婭死戍者二百三十人

僉都御史周璿、青州諸城人、建文初以神策衛經歷言事稱旨擢是職、益勉王事、抗言大計。未獲用、京城被襲、憤激死之、妻王氏、子鑾、兒、沒於官、

監察御史謝昇、徐之沛縣人、與蘇州王珽友善、恆以忠義相砥。建文時擢是職、或曰轉兵部侍郎、練兵給餉、夙夜勤勞。靖難後不屈死之、父旺、子呟、謫戍金齒、妻韓發丘福軍中、四女送浣衣局

監察御史李文敏、山西蔚州人、以太學有聲。擢是職、尋轉四川按察使。疏論時政不報。金川陷、不屈。以奸黨論死、

監察御史井霖安慶懷寧人文學素優洪武丁卯鄉薦時人慶之答曰祿祿辭章果足盡丈夫事哉旣擢御史正氣嚴毅朝臣推重及靖難後被執抗聲求死神色不變但戒子孫不必求仕正德中郡守胡宗纘祀之鄉賢祠

監察御史丁志芳山東聊城人洪武乙丑進士繇吳橋知縣擢令職疏時政多見採納北兵將襲京城謂妻韓曰燕王至城必破人臣之義不事二君吾惟一死報國汝其携幼兒潛歸撫之以延丁氏嗣旣而兵入被執不屈死之子賢甫十歲易姓龐孫毅中有學行成化丁酉鄉薦始復

其姓。

巡撫都御史黄清、未詳何許人、相傳建文中、巡撫某地、正直著聲、靖難後、拒不奉詔、志圖興復、力寡被擒、諭死、馬坤不詳何官、同日就戮、或曰亦御史職。

逸史曰、禁亂止暴、帝王事也、誅奸鋤佞、御史職也、不能彈劾於幾先、徒懲創事後、晩矣、顧烈烈多英、一時激憤、雖肉斷烟連、而操縱自如、得非剛大之氣、素蓄耶、蓋作忠有氣、鍊忠有骨、成忠有識、三者具而精英上薄、必且爍爲列星、凝爲河岳、身死而不死者、自在迄今憑吊遺跡。想見其慷慨悲歌狀。猶若斷雲落日。凄迷蒼莽間。不令人有餘慟乎。悲夫。

戴德彝 嫂項 陳繼之 韓永 湯宗 盧迥

宋徵 盧振 何申 巨敬

左拾遺戴德彝，浙奉化人，洪武二十七年進士第三，授翰林編修，既陞侍讀。高皇諭之曰：官翰林者雖以論思為職，然既列近侍，在朕左右，凡國家政治得失，生民休戚，當知無不言。昔唐陸贄、崔羣、李絳在翰林皆能正言讜論，補益當時，顯聞後世，爾宜以古人自期。德彝感奮圖報，直聲震於朝。改監察御史，益以言顯。建文中改左拾遺。北兵南迫，彝與齊、黃等日夕謀畫，克殫厥心。壬午變後，逮問抗聲不屈死之時德彝兄弟俱罹害京師嫂項氏家居聞變度禍且不測令盡室遠逃併匿德彝二子毀戴族譜獨身留家及械者至無所得遂拏項焚炙遍體焦爛項無一言戴族得全嗟乎女中勁骨如此

戶科都給事中陳繼之閩莆田人建文二年進士居官勁直言江南僧道多腴田請人給五畝餘以賦民從之北兵起繼之多指斥任謀畫嘗論徐增壽背國徇私當誅靖難後詔捕繼之責問不屈磔於市父秀母黃年垂七十戍甘肅道死子徵仔四歲隨母姚給配象奴女年十三給袁家

爲奴、弟余翔戍邉、翔女俱送浣衣局、妻韓發丘福軍中自殺、

戸科右給事中韓永、陝之西安人、或曰浮山人、未詳所起、建文中擢是職、永豐幹美髯目光如電吐音宏亮每論時事慷慨激切於兵畧尤中肯綮 帝善之方期大用靖難之變撫膺欲死召至見其手采欲官之永曰吾王蠋耳何以官爲不屈而死

北平按察使湯宗、江西贛州人、正直英發立朝侃侃言北平按察使陳瑛私受王府金錢志圖不軌 詔逮瑛謫廣

西靖難後召瑛還爲都御史窮治殉節諸臣多坐夷戚恨宗尤甚備悉慘酷

戸部侍郎盧迥浙仙居人踈爽有大節不屑曲謹少喜飲飲後長歌人以爲狂旣仕折節恭慎建文三年擢是職多有建白每面折景隆議論生風北兵入京不屈縛受刑長謳而死

宗人府經歷宋徵浙江人見諸藩強肆上疏請削罪廢屬籍以免後患諸王聞而恨之徵又同牛景先盧振等言李景隆喪師失律懷二心壬午變後責問不屈磔之并夷族

盧振不知何許人亦不知何官慷慨敢言及北兵起嘗與齊黃徐輝祖謀畫戰守日夕不懈聞有踈虞抗章指斥遜位後逮至振厲聲不屈榜掠而死夷其族別有燕護衛指揮盧振另載

中書舍人何申浙嘉興人抗直敢言建文末奉使四川至峽口聞金陵破憤恨慟哭吐血數升疽發而死

戶部主政巨敬平凉人洪武末歷官監察御史直聲震朝一時憚之建文中改戶部職清慎廉幹靖難後被逮不遜受戮夷其族

逸史曰蘇子謂平日有犯顏敢諫之職而後臨時有死生不易之操不信然哉諸臣因事納忠未雨綢繆事之不濟效死靡二可謂烈矣設無此後夫徒羣然厥角稽首不幾君父大倫蕩滅無餘乎　文皇亦何用此盈廷巾幗也噫嘻

侯太 茅卯仔 郭任 陳植 樊士信 邉昴

葉福 劉原弼 韓節 龔泰

刑部尚書侯太北直南和人或曰河南人以賢良起家累官是職北兵起太與侍郎郭任主抗禦之策壬午二月督餉至濟寧五月復督餉至淮安得便宜行事經畫苦心徹夜不寐然勢不可支矣未幾京師失守太至高郵尚圖招集與其隸上高縣人茅卯仔語語未畢忽同被執械京不屈死妻曾弟敬祖子玘皆論死籍其家

戶部侍郎郭任南直丹徒人廉愼有能建文時官是職益

勤職事靖難兵起主調兵食嘗上疏曰天下事先其本而後其末則易成今日儲財聚備兵食果何爲者然而北討周南討湘舍其本而末是圖非策也已然之誤不必深言今日之計全使天威神速苟曠日持久銳氣亦竭祗自困耳　燕王聞而惡之及兵入金川門任猶圖抗禦被擒詰問放言死之子經亦處斬次子金山保戍廣西次年并三女給配嘉靖中知府劉儲秀立祠祀之

兵部侍郎陳植廬江人洪武間任吏部文選主政歷官今職北兵日南植受命督師江上旌旗嚴肅北兵且懼忽麾

下有迎降議楩大怒責以大義整飭堅守爲都指揮金某伺隙刺死獻降邀賞　燕王怒其叛主立斬之命具棺殮楩遣兵護喪葬於白石山楩宗人懼竄走無一會塟者護喪使恚曰族之無良至此哉採遺記謂

文皇自起兵至京惟待陳楩爲最隆夫節士所守不見奪人聖主所風不奪人守其是謂與當急表出之

兵部主事樊士信湖廣應城人洪武十八年進士建文中擢是職守淮河士信以此地南北咽喉極力防守未幾北兵南下士信奮不顧身力戰而死後夷其族

兵部侍郎邉昇河南滎澤人洪武中以明經薦歷官是職有氣節嘗身擐甲冑北兵渡江親冒矢石率衆拒之力戰不已氣竭被獲不屈而死

刑科給事中葉福閩縣人賦性忠義時政有失必疏以聞北兵起立志矢死遣僕歸告其母曰福爲王臣義不得爲孝子矣及兵逼京師福分守金川門時景隆等叛迎福禦之力不能支慷慨自殺事載閩三忠碑

刑部主事劉原爾字良輔河南扶溝人洪武中以貢任是職果敢有爲累疏時政靖難兵入城中大罵原爾曰此天

崩地裂之頃我輩死不復恨遂拊膺慟哭率家僮數十人巷戰殺傷過多旣而遇害索遺骸不可得其家人刻木象形葬之裔孫自強萬曆初仕至刑部尚書

工部郎中韓節楊州人素懷忠耿嘗曰論事君以忠一語終身用之不盡臣子不察此讀聖賢書所讀何事時北兵日逼分守金川門城陷從魏國公徐輝祖巷戰敗績曰吾不愧論語矣再戰力盡而死

龔泰浙義烏人字叔安幼孤母傅躬教之泰勵志勤敏長從宋濂門人宗思膚遊學曰益進洪武十九年領鄉薦旣

入太學奉旨閱齊府獄監安東倉革宿弊銓部策試第一除戶科給事中克勤厥職北兵渡江令泰巡城泰知人心緩散與妻訣曰國事至此不可爲矣我分必死爾第携幼稚歸否則俱溺井無辱俄宮中火起泰馳赴而北兵已入城矣被執見　燕王釋之泰曰尚欲生乎遂投城死年三十六妻負遺骸歸泰行誼方正遇事剛果素以孝友聞鄉國爾之子永吉累官兵部侍郎

遜史曰鞠躬盡瘁臣子之事至成敗利鈍非人力也當燕三北而天以風助者三則其眷念可知矣天意在燕

雖侯郭之圖艱，邉樊之格鬭，劉葉龔韓之抗禦，終不能舒志自鳴矣。嗟乎！詩曰：天實爲之，謂之何哉！

遜國正氣紀卷四終

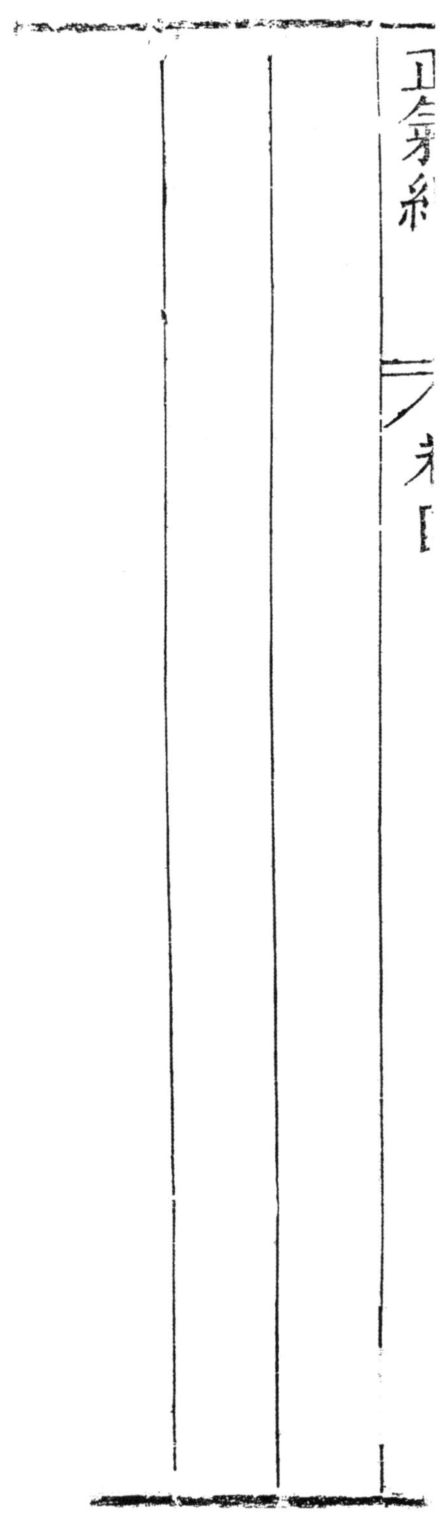

遜國正氣紀卷五

逸史曹參芳輯次　同郡後學劉襄祚較閱

姚善　黄鉞　楊福　錢芹　王賓　韓奕

俞貞木

蘇州知府姚善字克一楚安陸人也志行淳實學識高遠嘗扁讀書所曰待旦軒工詩與會稽王之淳相倡和洪武中繇鄉舉歷祁門丞同知盧州重慶所至有能聲三十年擢今職初　太祖以吳俗僭靡遣式繩以重法頑嚚者更持短長訟蜂起難治善洞曉政體周悉人情弛張寬

容各協時宜造請羣賢考求治道商略民生休戚因俗救正吏民回嚮治爲列郡最隱士王賓居陋巷善往候舍車詣門賓問爲誰對曰姚善乃開門延語及賓報謁望門再拜而返善自邀還辭非公事不敢入又將候韓奕奕避入太湖善嘆曰韓先生所謂名可聞面不可見也錢芹自守甚高善願見不可得有兪貞木以明經見重於善月朔望必延至學宮講經訓士一日餽米於貞木誤致芹所芹受之吏覺其誤請貞木以告貞木曰錢先生不苟取予今受米不辭必仰府公之賢耳善聞之喜欲往候使人先道意

芹對使者曰芹誠願見公然芹民也不可往見於庭若明公弘下士之風請俟月朔相會於學宫善如期迎芹至置上坐請質經義芹曰此士子之業公今有急於此者善竦然請問芹出一簡授善竟不交言而去視之則守禦制勝之策也善益重之時靖難兵已南徇善畧結鎮常嘉松四郡守練兵勤王而薦芹爲行軍司馬善尋至京師畫策防禦又從大將軍北行旋還京 帝用建議貶齊黃於外善言於朝曰兩人有文武才略可以扶顛濟危反置之散地不用今事已狼狽急須召之乃召還二人四年詔善兼督

蘇嘉松常鎮五郡兵勤王未及戰而　文皇即位索子澄甚急子澄避善所約共航海舉兵善謝曰公可去善不可去公朝臣可四出號召以圖興復善職守土義當與城存亡子澄遂去善爲麾下許千戶縛見　文皇詰善曰若一郡守乃敢舉兵抗我耶善厲聲曰臣各爲其主耳王言何謬也遂磔之時年四十三子節謫戍賀縣千戶所幼子繼隨配保兒項兒習匠正德中巡撫秦金祀於鄉賢祠蘇人至今頌之

禮科左給事黃鉞字叔揚蘇州常熟人也少明敏好學家

無藏書日遊書肆借觀之或竟日不歸時　朝廷新以重法繩下士不樂仕詔求賢急鉞父見其子好學甚恐爲郡縣所知數懲之不能止家有田十餘畆在葛澤陂因令鉞督耕其中鉞至陂無書讀托市鹽酪率一二日卽入城從友人借書道中卽披覽比至陂書讀盡每以爲恨適元末隱士楊滚者嘗避雨泊舟鉞舍傍窺見鉞持書倚簷聲琅琅不輟乃就視之曰豎子好學至此哉曰能讀幾何鉞答曰苦無書讀過目能不忘也滚曰我有書在海洋店去此不遠豎子能從吾遊乎鉞喜再拜卽從滚舟至其舍與數

册持去數數往來濙怪其頻舉所借書咨詢悉記憶濙大喜曰吾架上書不下萬卷不能舉付汝汝當就吾舍讀因令其子福同室而學三年遂盡其書縣聞之併辟福賢良濙怨之曰吾不幸遭世亂家破族散今獨攜一子耕讀遠郊以畢餘生因子好學盡以藏書留覽乃不自韜藏卒爲人知併顯我家若之何鉞曰公無患當說尹罷之乃教福結束如農夫且曰即尹有問子但操吳音勿詳對福盡如鉞教因同詣尹曰鉞與福同筆研數載知福深福才能聞學並居鉞下且父老身病不可行即行不足以應詔君且

得罪尹心知其詐不得已獨遣鉞除宜章典史洪武二十二年舉湖廣鄉試明年登進士授刑科給事中陞戶科左文改禮科封駁甚多建文中外艱歸方孝孺弔之屛左右密言曰北方不靖蘇常鎮京師之左輔也君吳人朝廷近臣今雖去當有以教我鉞曰三郡惟鎮江最要害守非其人是撤垣以納盜也鎮江指揮童俊狡獪不宜獨任吾近見其奏事上前視遠而言游此其心不可測也蘇州知府姚善忠義激烈有國士風必能獨當一面但仁慈有餘御下過寬此治郡之良才恐不足以定亂耳然國家大勢不

在江南待戎馬至此而禦之晚矣君其豫圖之孝孺乃因鉞附書於善以忠孝相勉期戮力王室善得書與鉞相對痛哭以死自誓鉞至家因父殯在陂上舊廬徙居之足跡不入城邑有御史按部至問曰此有黃給事何在無知其家者一老人與鉞鄰知之引舟至陂時方秋收禾堆積村巷途泥淖御史乃徒步抵其舍鉞從幕中對語移日家人以官貴至欲具雞黍鉞以居喪不許卒備菜粥對食而別其執禮如此靖難兵至江上姚善受　詔總率蘇松常鎮嘉五郡兵馬勤王以書招鉞鉞以親喪在殯請營葬畢乃

可趨命既而童俊果以鎮江降靖難後詔收善善麾下許千戶乘隙縛善邀賞鉞聞之遂絕食閉目三四日求死家人強爲救免或傳善欵服巳得宥鉞復瞪目曰吾知善决無二心且少俟之脫善果不死吾將獨死報明君亦以謝希直也遂復稍稍食巳七月十一日善被刑報至鉞登琴川橋西向再拜祀而哭之曰吾與君同受國恩國有難義同許身今君與希直同死吾忍背義獨生乎祝畢紿家人歸祭具遂從容整衣冠奮身入水死時北兵四出捕善黨郡邑訛言併錄鉞家親族悉驚伏楊福獨具棺衾晝夜泣

橋側百方求鍼屍不得更數日屍忽自立水中福慟哭親抱而起易其衣體猶不潰敗成禮塟之復吊以詩曰江風夜夜鼓洪波江水朝朝濕薜蘿九辯不回哀郢志三軍難奪採薇歌手披宿艸狐踪滿夢轉空梁月影多誰謂百年臣子恨獨聞野老淚滂沱墓在虞山北麓邵圭潔爲立石

楊儀曰叔楊畢塟赴難失其同人忍須臾以待克一之殉命而從容自沈於河不棘以蔓禍不紓以苟生孝不遺親忠不後君信不忘友備美哉賢於生矣

錢芹字繼忠吳人少好奇節洪武初辟大都督府掾從中

山王出絶漠解職家居二十餘年姚善虛心求見芹不屑屑經生業篋受一册不交語竟退册中調陳守禦勤王事不知其詳也建文中詔舉山林才德士善薦芹爲戶部司務晉中議事尋署行軍斷事從大將軍諮議軍務入奏事道中感憤且死條上兵事緩急年七十二賜棺殮歸塟黃山

王賓字仲光別號光菴吳縣人素孝友以名節自勵父歿未冠終身遂不冠毀形異服箕踞道傍人莫測其所學姚守聞而異之請見輒避他日善去侍從竟入室得見相語

甚驩所陳皆切民艱國事善欲薦於朝終不敢啓請賓夙與廣孝善後廣孝功成旋里賓見榮狀掩面走之廣孝謁之再賓閉戶不納遡屏騎從徒步造門強請乃見語未卒忽墮茗甌而仆口目俱歆或曰廣孝三謁不肯見從門隙潛窺見賓呼之賓操吳音應曰和尚差哉顛蹶而歿遺文集若干卷韓奕弔之綴其文而藏焉韓奕者吳之名節士也與賓俱以醫浮沉於俗姚善造室而請奕避入蘆中終不見善嘆美而去時稱吳中三傑

俞貞木字有立家世於吳少聰穎能屬文稍長篤志學問

欲力追古人既冠無室或勸之娶以學業未成謝之承嘉陳麟以易經擅聲貞木從遊盡得其所學辭歸益研程朱之說直探羲文奧義視天下榮利泊如也洪武初薦授韶州樂昌縣令尋丁父憂服闋改都昌令縣故有周元公朱晦翁祠下車拜謁修治即與諸生講道以禮教民翕然從化未幾復丁母艱遂屏去塵紛間作詩文以闡寫情性與人交力陳忠孝大義郡守姚善聞其賢數延至庠行乞言禮皆關時務靖難時勸善起兵勤王身先倡率因被逮感憤卒於途

逸史曰西漢多循良東漢優淸節兩者兼之或寡也郡守姚善政蹟過龔王而節義益厲鉞賓諸人相率維風從容無避若恥不與黨人然卓哉陳建曰國初此風往往有之悵今懷昔眞美人西方足音空谷矣

陳彥回 周繼瑜 張彥方

徽州知府陳彥回，字士淵，閩之莆田人。父立誠，洪武間仕州縣，被誣論死，彥回戍雲南，弟彥囦戍遼東。彥回未入滇，家屬俱道死，及至，僅祖母郭存。會赦，又弗原，監送者憐而縱之。顧貧不能歸，往依邑人任定遠知縣黃積良，因更名姓為黃禮。積良罷，依南充縣丞于中和。已，閩中教諭嚴德政知其才，以明經薦。彥回為保寧訓導，造就人材，文行並著。九載來京，承顧問，陞平江知縣，閱十有三月。

高皇帝崩，彥回入臨，給事中楊惟康薦其廉幹，陞徽州知府，數月政教一新士民咸悅未幾祖母郭卒成服爲禮郡民走京乞留時彥回尚蒙黃姓居恆以亡命冒宗爲愧屢欲陳首以祖母年高慮有差跌隱忍二十餘年至是衰絰赴闕疏其故乞正名籍詔可并除彥回戍籍仍從徽民請復留郡彥回乞竟服不允特許襄事供職彥回葬郭於郡之北山始治事時走墓下哭甚哀郡人稱爲太守山靖難兵南追彥回奉命募義勇至京師適彥回來自遼東邂逅旅邸悲喜交集謂所知曰予荷朝廷再造恩此生不足報萬一當遣弟歸治家事予身許國他不恤也未幾北兵渡江彥

同糾衆赴援靖難後擒械至京不屈死年四十七妻屠氏
配奴死
同知周繼瑜江西撫州人建文中爲松江同知有風裁北
兵南侵勤王詔下同知榜募義勇入援聲言靖難兵乖恩
違義敢背　祖訓後京師陷械至京不屈磔於市
張彥方江西龍泉人素孝友建文中爲給事中以便養告
改樂平知縣四年勤王詔下彥方糾義起兵一邑響應或
沮之彥方捬膺大哭曰君父在水火吾可自緩乎遂率所
部抵江口遇靖難遊兵執至樂平梟其首暴屍樵樓時暑

月經旬顏面如生無一蠅集父老竊瘞縣治之清白堂廟祀之

逸史曰傳曰人臣之義見無禮於君者誅之如鷹鸇之逐鳥雀也敢濡忍待乎勤王之舉無論爵位崇卑咸當奮不顧身一時投袂如彥回決策有繼瑜巳足褫魄彥方復鼓勇江口義感三軍設天助其靈奚啻郭李即廻事歷埶移遂致背崇市井血漂樵樓豈不慟哉

顏伯瑋 子有爲 胡先 唐子淸 黄謙
向朴 楊茱 王尹實 韓彦復 顧道
鄭華 妻蕭 趙次進 鄭恕 二女

沛縣令顏伯瑋以字行名瓌江西廬陵人唐魯公眞卿之後聰敏介直能文章洪武末舉賢良除沛縣知縣以善政撫民靖難兵起所過郡縣皆歸附伯瑋獨以死自誓時李景隆屯德州淮北民終歲給餉伯瑋措畫有方民不告勞辛巳六月北兵掠濟寧遊兵過沛沛人竄匿伯瑋設法招徠會設豐沛軍民指揮司集民兵五千築堡備禦伯瑋躬

自教閱時加激厲尋爲山東調去過半壬午正月北兵攻沛伯瑋遣縣丞胡先間行至徐告急援兵不至度不能支令其弟珏子有爲還曰汝歸白大人子職弗克盡矣遂題詩察院壁云太守諸公鑒此情祗因國事不能平丹心不改人臣節青史誰書縣令名一木豈能支大廈三軍空擬築長城吾徒雖死終無憾望采民艱達聖明二十一日漏下二鼓北兵襲破東門指揮王顯迎降伯瑋冠帶升堂南嚮慟哭拜曰臣無能報國遂自經死時年五十子有爲夙孝義不忍臨危離父復還痛父死拜而泣曰父死君兒死

父矣遂自刎珏走濟寧逾月還沛知胡先巳收瘗伯瑋父子於沛南關外乃至徐告友人晏璧璧與伯瑋同郡宦於徐因爲傳其事言伯瑋孝友姻睦鄉黨稱其六行無異辭以故守令知而薦之及令沛數以事至徐又同督運德州每連床共食談論慷慨練達機宜深喜屬縣之得賢長吏也寄百里之命視外如歸賢於人遠矣正統中御史彭勗令有司起墳立祠祀之

沛縣主簿唐子淸有善政民愛之北兵日迫知縣顏伯瑋專調兵食一切經畫邏察盡付子淸未幾被執將兵者知

其賢欲留不殺子清曰吾願從顏侯於地下死之

沛縣典史黃謙儒生也以文墨兼兵旅果敢能戰下顏伯瑋素禮遇之謙盡效力防禦悉備適被執命謙至徐招降謙曰吾不忍負顏公願同死死之

逸史曰烈哉顏公身死其君子死其父同僚死其義皆精忠所感也信不愧文文山矣鳳韶云廬陵忠義之鄉豈虛語哉

[illegible]縣令向朴字遵博浙慈谿人宋文簡公敏中十四世孫父壽宗慈湖之學學者稱爲樂齋先生朴得其傳行務實

踐力學養親洪武二十五年以人材應詔陛見　上問君家何爲對曰種田其容秀而文因詢大麥何以四節對曰以其占四時耳授是職單車就道不攜妻子時兵發之餘爲闢荆蓁畚瓦礫教百姓農桑與同井苦流移漸復靖難兵起獻當兵衝無城郭朴集民兵激以勇義與敵將譚淵迎戰衆寡不敵被執懷印死年四十三獻民哀之拾遺骸葬道左都御史陳瑛獻人也怨諸忠死者最深請究治不已有楊巢懼瑛發塚賔夜負骨潛葬邑北十里永樂初中秘王丹實北上詢得葬所夜夢朴服血汚葛衣共談往事

起兼燭爲文乘星月往哭甚哀洧川令韓彥復匿其二子於任司農顧道輯其遺事書於寶峰菴佛座三人皆義士也二子道淳道徵有學行道淳被徵辭疾不赴時人稱其有王偉元攀栢悲號之風嘉隆間朴祀本縣鄉賢祠并祀獻縣名宦祠萬曆初撫按奉詔建祠本縣北門外王丑實韓彥復顧道附祀別室楊某廢食焉

逸史曰國家之於祀典重矣有功於國者祀之有德於民者祀之死王事者祀之朴之愛民死事祀之宜已而韓尹顧亦稱三義士而祀焉得無附驥尾而行益顯乎

忠義之心人皆有之彼陳瑛者自喪其心故狗彘不食其餘也哀哉

東平吏目鄭華浙臨海人字思孝洪武丁丑進士初授行人奉使川廣有令名建文中謫東平州吏目靖難兵日侵知難捍禦謂其妻蕭曰吾義必死柰親老汝少何妻泣曰君能爲國死獨不能爲君乎華乃稱疾尋醫攜家托其友無錫丞趙次進次進曰諾華馳還東平時州佐貳盡棄城走華獨率吏民死守北將朱能攻陷東阿分兵取東平華曰守土之臣義不苟生力戰而死年甫三十台州祀華於

八忠祠

逸史曰職卑死重不以職之崇卑定生死可謂自靖自獻者矣若患難寄托然諾無欺難哉吾將起趙丞而拜之

鄭恕字本忠浙仙居人好古博雅家甚貧釜甑生塵毫不妄取蕭然斗室日與徒數十人講論經義高風勁節一時傾嚮之寧波知府聘爲昌國訓導尋陞知蕭縣甚得民心壬午北兵破蕭恕不屈死之後籍其家二女發配比自殺子濂湜娙溫汲謫北平種田或曰恕嘗有平燕疏歸起義

兵時無應者遂往就戮葢事定加刑也台州祀忠八忠祠邑祠祀恕及其二女

逸史曰一邑一官百里寄耳非齊黄倚托比也曷難浮沉上下爲胡𡨚諸人倡乎乃矢衷不貳視百里若長城此曰守土之臣義不容苟彼曰委贄爲臣難完子職故能使子女激烈同寮感憤相繼殺身成仁不稍讓焉烈矣哉先世何多英乎

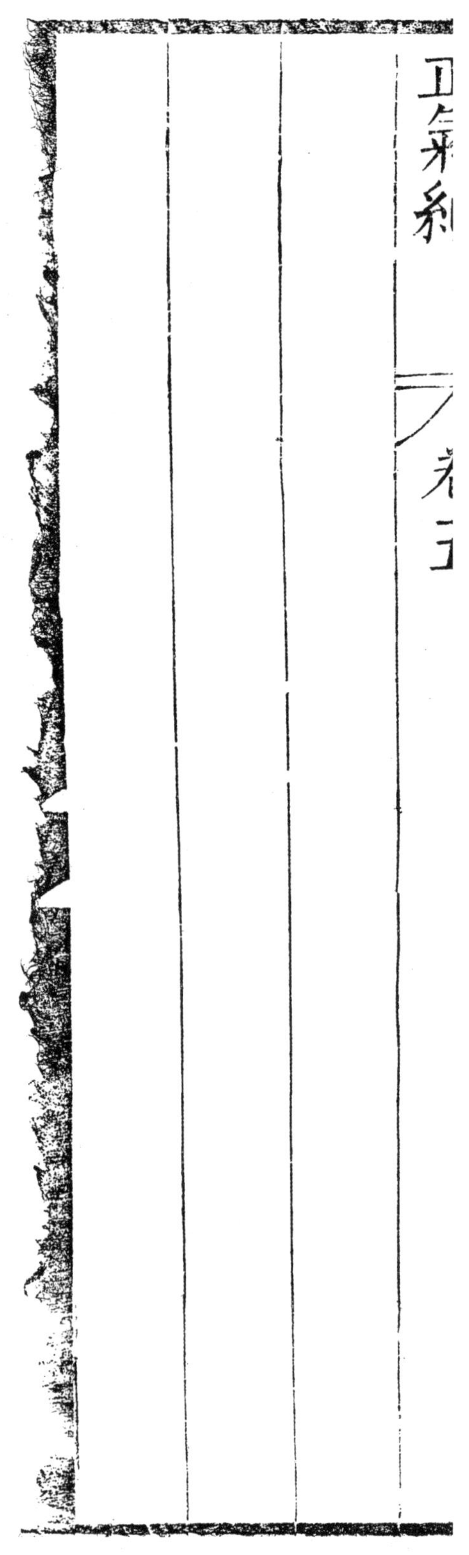

程通 弟希廸　黄希范　石撰　葛誠　余逢辰

杜奇　龍鐔

遼府長史程通字彥亨績溪人祖平業儒有操行偶因塩法坐繫御史察其非辜喻旁引他人可免平起對曰平不幸爲人所誣而又誣人免己欺天也寧以身任罪御史嗟異論戍延平通少有至性習書執禮年十四補庠生洪武乙丑貢入太學明年以父誠戍嶺南徒步扶櫬還塟廬墓毀哀至妻子莫識其容服闋復上太學時平年已大耋通上書言臣壯而無父祖猶父也臣祖老而無子孫猶子也

更相爲命願代爲役辭極哀懇　上憐之而持其章不下陰召平至并召逋東西立指平顧曰汝認此人否平逋相持駭愕哽咽不能仰視　上爲之動容恩命除籍驛送平還鄉庚午逋舉應天鄉試時遣諸王將兵行邊以封建策諸貢士於廷逋對稱旨置第一除遼府紀善辛未從王閱武臨淸壬申從之國遼西以祖喪免歸廬墓哀毀如父服除復任會靖難兵起從王渡海來朝進左長史上禦燕策數千言謀筭悉備壬午變後逋閉戶憤感有衛士紀綱指逋舊封事乃械至京諭以臨刑逋曰得以所矣家屬戍邊

簿錄其産僅田十餘畝遺書數百卷時有黄希范者學
自操洪武末知徽州雅與通善至是感傷通歿爲衛卒所
捕籍其家通夙勵聖賢之學居常恂恂臨事剛果事遼時
悉心輔導王每敬禮之命圖其像又錄其世譜親爲贊之
後通異母弟彦迪朝王語及舊事王惻然動容既而曰爾
兄有遺像在焉出以示之彦迪哭失聲并請世譜以歸至
今尚存

寧府長史石撰江西平定州人學行稱於鄉洪武中以薦
舉授是職靖難兵起所過郡縣皆下撰在太寧獨爲守備

計每以臣節當守諷王王亦心敬之及北兵襲大寧執撰
憤詈不屈遂支解

葛誠未詳里邑以進士爲燕府長史　王器之嘗使誠入
奏事　帝密問府中事誠具以實告遣還使
內應銷王邪心靖難兵將起誠以大義切諫不聽及詔
讓燕　王稱病盛夏擁火猶謂寒甚張昺等信之入問疾
誠密言王實無恙宜預備又密疏以聞及昺貴死　王恨
誠殺之且夷其族

余逢辰字彥章南直宣城人素有學行爲燕府伴讀　王

信任之以故得聞異謀乘間力諫既而知事不可挽遺書示子自分必死及兵起辰復泣諫言君父兩不可負死之

杜奇北平人時望所重燕兵初起欲廣置羽翼下令境內舉賢良方正有司以名聞召見禮之奇言禹貴朝廷大臣不可殺臣節當終守　王怒立斬之時方急兵事未遑逮其家即位後族誅

晋府長史龍鐔江西萬載人字德剛素慷慨有節操洪武十七年貢入太學授浙江副使以累降長洲令撫民以仁擢長史會北兵起徵兵於晋晋王問之對曰大義所在

祖訓昭然　燕王聞而恨之，靖難後，詔械至，責問，不屈，殺之。友人收其遺骨，得撰親書辭於襟中，捐生固殞，弗事二主，別父與兄，忍慟肝腑，盡忠爲臣，盡孝爲子，二端與我，歸於一所。膚髮形骸，收藏故土。採遺記曰：求忠臣於孝子之門，移孝既可作忠，未有移忠非所以盡孝者也。忠孝歸於一所，至言哉。

逸史曰：王國之秩雖尊，長史之位閑矣，心長力寡，安所用之。無亦曰：吾行吾志耳。通之移孝作忠，鐔之盡忠全孝，兩得之矣。若靳若撰，侃陳正論，逄辰與誠，獨立不回

此數子者不以利[illegible]META君不以境移情不以刃失志豈不卓然丈夫哉

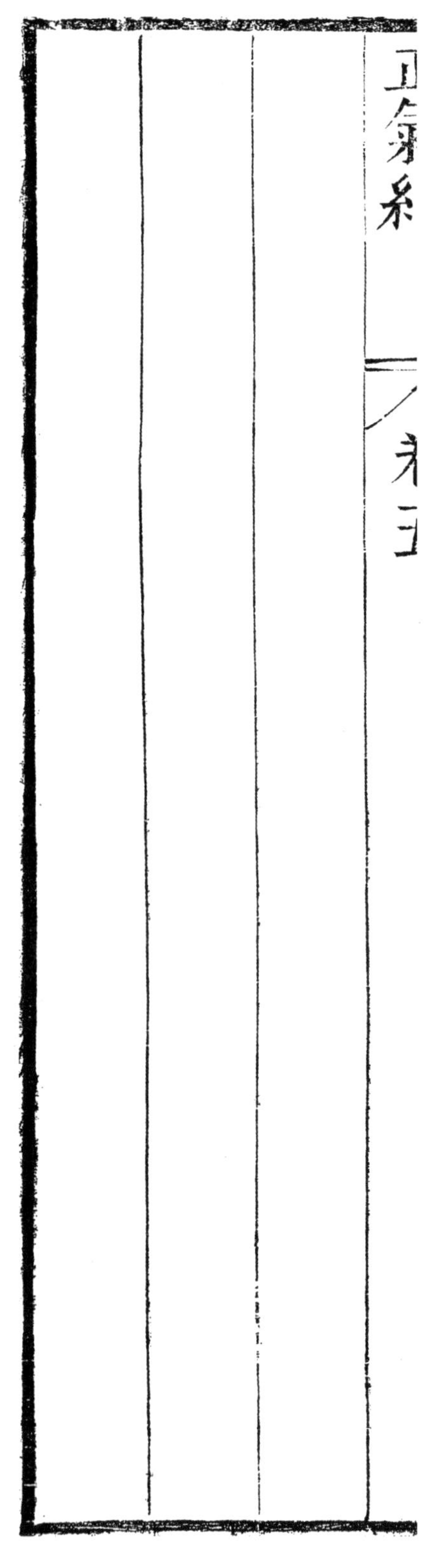

王省女　子　陳思賢伍性原　陳應宗　林玨

鄒君默　曾廷瑞　呂賢　黃彥清

教諭王省字子職江西吉水人洪武五年領鄉薦至京詔免會試命吏部次第擢用省以親老乞歸養尋以文學徵廷試稱旨當殊擢省自陳才薄親老乞便養得浮梁教諭丁艱復改睢陽凡八年又改濟陽靖難兵至省爲遊兵所執從容引譬詞義慷慨衆舍省省歸坐明倫堂伐鼓聚諸生謂曰若等知此堂何爲名明倫今且勿多論只說君臣之義何如遂大哭諸生亦哭省以頭觸柱死其女子皆賢

女適邑人周鳳岐從官即墨簿聞兵至濟陽逆知父必死泣請於夫遣人往收遺骸歸塟後有司祀之學宮子禎有父風爲夔州通判後抗節死賊中

教授陳思賢廣東茂名人也素質直好義洪武末爲漳州教授以忠孝實行勗士多所成就聞北兵起時感憤及即位詔至思賢慟哭曰明倫之義正在今日遂堅臥不出迎率素勵學行之徒伍性原陳應宗林珏鄒君默曾廷瑞呂賢即明倫堂爲舊君位哭臨如禮水漿不入口者五日郡吏執送至京皆不屈師弟七人同日死嘉靖中提學副使

邵銳立祠祀之

逸史曰三代以明倫爲學孟子嘗稱之兩公獨究其實發鼓哭臨義昭昭如日出然然後慷慨一死爲二三子倡噫嘻登孔孟之堂而踐君父之實眞百世師矣彼讀聖賢書而不識字者可愧也夫

國子監博士黃彥清徽婺人或曰江西人以名節自勵善言詞建文時授是職一日行市中見童子遜讓有禮道不拾遺歎曰何世風之厚也及朝備述之且比之中牟三異帝曰昨宮中有譁聲朕諭曰朕寬刑尚德兩年來中外愉

愉爾獨犯教豈朕有乖德歟行無禮歟外仁義而內多欲歟悱然自責二人始謝過夫一宮之內尚未能齊何斯言之易也彥清拜首曰萬邦時雍而有子獨傲四方風動而有弟未諧宮人失睦是其常事陛下引為已過愈見盛德

靖難後以彥清在駙馬都尉梅殷軍中曾私謚 建文君論死并逮從子貴池典史金蘭繫獄後殷言彥清實不在軍中而金蘭輩得釋或曰彥清偕諸臣出外巡訪 文皇詔至拒不受欲圖興復顧兵力不足死之金蘭釋後尋陞本邑知縣有善政未幾解官卜居邑之東鄉至今後裔尚

存

逸史曰公則上專不公則下移謚義也柳夫人以一字信千秋不啚有當歟貞夫彥清忠與人殊義獨竊取偉矣哉

張安國妻賈柳一景　王志　和州二生

工部郎中張安國浙定海人建文中累有建白壬午北兵逼近安國與妻賈言曰大事去矣無能爲也予職非司馬旣不能帥兵應敵又不能羔膝事人柰何賈氏曰盍隱諸安國曰然乃挈妻孥乘舟入太湖未幾聞京師陷皇帝自焚安國與妻相嚮而泣北拜稽首曰食人之祿存身新主之朝恥莫大焉乃鑿其舟偕妻沉焉

刑部郎中柳一景湖廣人太學生王志蘇州人素友善以忠義相勗憤景隆誤國喪師慷慨彈劾不聽且召用二人

遁去居浙之臨海東湖上日負柴入市口不二價壬午秋詔至臨海湖上人相率走縣庭聽詔歸遇樵夫語曰燕王即位矣樵夫愕然嗚咽不能答久之問曰皇帝安在曰燒宮自焚二人擗擗相抱慟哭遂投湖中死或駭而去至今傳爲東湖樵夫云萬曆初南京兆尹奉　詔祠祀

和州二生者庠士也素相善勵以忠孝不伍於俗壬午間聞京師將潰　帝詔趣勤王無有應者二生感憤泣數行下義不顧身謀起義師未幾有司捡諸東門之外即其所瘞之其姓字不傳

逸史曰，易言知幾，書稱行遁，全身遠害，臣子之常，身既隱矣，焉用文爲。然必鑿舟自沉，與擲檐投湖，激於義也。故寧友魚蝦而不樂，與歌採薇若志與兩生布衣耳。非食人禄而恥存身新朝比也。豈烟霞氣骨，偏存戀闕，高操乎，壯哉。過江山巨翁矣。

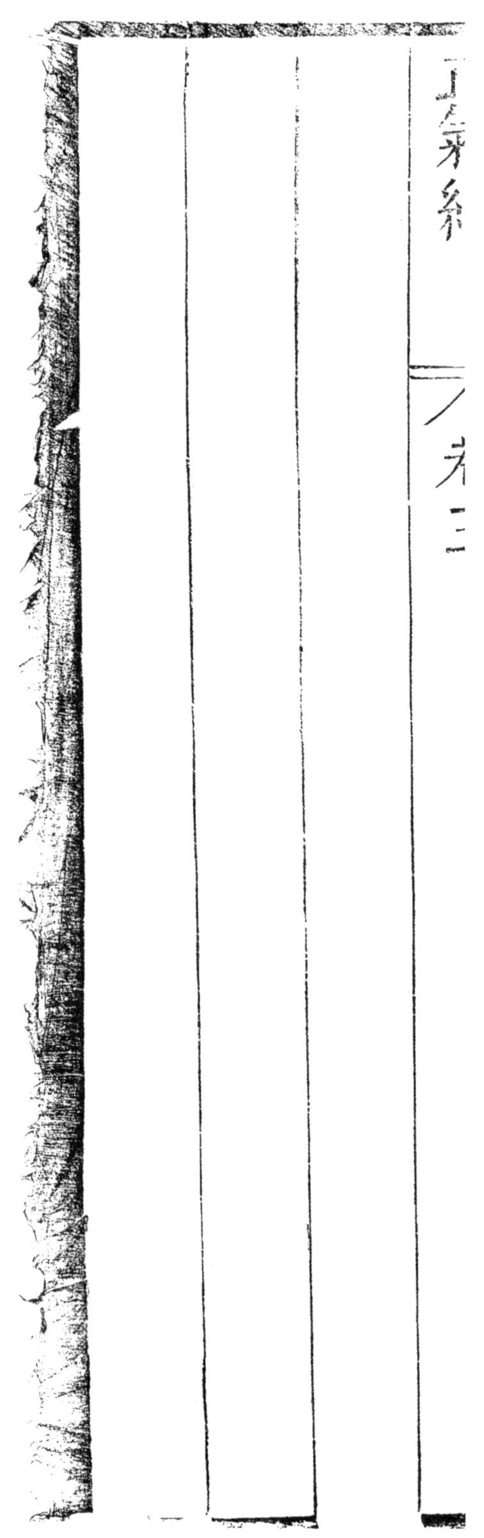

張昺

刑部左侍郎張昺，山西澤州人，洪武中舉人材，累官是職。建文初，會諸藩不靖，相繼告變，大臣廷議宜更置守臣，以素負重望者彈壓之，乃出昺掌北平布政司事，與都指揮謝貴並受密命。比至，則伺燕動靜，知有異謀，防守頗慎。王察之，故嘗稱疾，府中亦扶杖而行，昺意稍懈。燕府長史葛誠謂昺曰：王實無恙。昺不信，既而知事急，集在城七衛及屯田戍卒防守王城，飛章奏聞。燕將張玉、朱能請起兵，王曰：非討擒昺、貴不可。會朝廷遣內官逮護衛官僚、王盡縛至庭中、召昺貴入、與械去、昺以爲然、竟入端禮門、伏發被縛、王揮杖笑曰、我何病、爲爾輩所迫耳、昺怒抗聲不屈、死之、昺初至北平、以吏李友直機警、寄心腹令詗府中事、友直反洩其機、竊奏章以獻、故燕得早爲備、昺死、友直遂爲北平參議、靖難兵入京城、詔族昺、捕其近戚程亨妻子、生焚之、踈族及里人、並戍邊、惟一子得脫。文皇屢夢昺披髮爲厲、惡之、復命出其屍焚之、面色如生、火中金光觸天、一時異之、洪熙初、詔昺戚屬戍邊者、家籍一人、餘縱歸、正德十五年、知州馬汝驥立祠祀之。

逸史曰語云成敗天也生死數也人臣任國事敢以成敗生死聽之天數哉懈防之罪昺實難逃一死不足塞責矣頷披髮作厲陰行博浪胡爲者秖自傷耳嗟乎泱脰於生前燔骨於死後過矣不聞高皇曰吾何苦一子英喋喋泉下訾我哉

張紌　　毛太　樓璉

吏部尚書張季昭名紌，陜之富平人也，父月川，文行知名。紌自幼勤學勵行，洪武中舉明經，爲東宮侍書，才識通敏，懿文太子深器之，陞通政使左叅議，雲南平，出爲右叅政，陛辭，太祖賦詩二章賜之，歷進左布政使，紌久任雲南，凡土地貢賦法令條格，上下典儀，中國衣冠，悉爲裁定，夷民服悅，遠近奠安，二十六年，秩滿入覲，治行爲天下第一，特令吏部勿考，賜璽書勞之曰：曩者討平西南夷，命官撫守，爾紌實先往任歷今五年，言出則諸夷聽服，令布則四野懽忻皆繇誠信相孚克共乃職茲爾來朝不待考朕知其功冠天下爲十二牧首故嘉乃職復命仍治黔南汝徃欽哉賜晏及道里費　讓皇帝立徵拜吏部尚書滇人戀慕如失父母屬時更化旁求遺逸日集闕下統識鑑精絕各當其材會修

太祖實錄被旨試翰林編修官考第高下得楊士奇策獨喜曰明達時務有用之材不但文詞工巳也首取士奇繇是知名壬午六月靖難兵至誅連奸黨統與焉及　文皇即位召統與戶部尚書王鈍諭曰卿二人久事　皇考習

知典故今皆老矣其解職務月給尚書半俸居京師視時政有From舊制並直言無隱庶稱厚望老成之意統退痛故主淪喪遂自經於吏部後堂炎統嘗爲雲南公廨記甚詳悉已見其經理鴻材愛民實跡又論雲南於古爲荒外不治之地山林幽阻民俗草昧各種各部如蜂蟻然無教令等威之制無宫室服用器業之資生理旣不足繫其心又奇險可以容惡是以樂縱恣而安悖亂茍遽束以法強其所不能彼不狺然相噬則觖然長往矣昔在漢晉雖嘗設官亦郎其要會而領之隋唐間頗置州郡皆不過羈縻而

巳固未嘗如中國閭井其人也元以夷人氣類相近因而撫之爲宂然其怫靖者猶爾也是以志烈之士非不欲草薙而禽獮之顧其勢有所不可亦噤齘久之乃巳徐而思之有如耐饑渴習霧露乘高走險殊死而不顧者乃其所長然而性荒惰暗事機素無節制之可守雖則易合亦復易離何以制之必材兼文武而道濟方域曰德曰威曰廉曰信兼此四者而事不定人不安吾不信也故當無事則宂佚蕩簡易寬小過守大綱如班定遠之言或有蟊賊則乘其未滋霆衝電激指約而中之以懲其餘亦攻心伐謀

之大端也。夫如是良怖急者可牀下伏矣。統之治滇大約見此。

吏部左侍郎毛太一曰太亨浙江人建文元年陞是職佐張統尚書事太文章政事皆優所與交者並中朝俊彥靖難兵起素上封事條陳方畧壬午之變　燕王牓奸臣太與焉張統死太亦死。

逸史曰滇南初定非才德兼長者難治異類冢宰統以定遠宏綱兼元亮綜理既已夷民信服遠邇歡呼而入統百官又識鑑精絕日有聞矣馬遷謂智慮絕人者每

患無身統太以文章政治不有其身亦人傑矣哉

侍讀樓璉字士連浙金華人從宋濂學洪武中以儒士召用歷官寧仁壽主簿陞藍田知縣擢監察御史偶因誤謫戍雲南　讓帝嗣位詔求賢璉以文學舉入翰林侍經筵講官侍讀學士靖難兵入京越三日　燕王卽位急欲草詔者方孝孺不從族之復改命璉及王景璉趨入見孝孺受極刑禍連姻黨門人惶怖受命歸而憤愧欲死其妻問曰得毋復方先生耶璉曰先生何忍傷但我受刑猶可正恐累及爾輩逡巡一夜憤憾不已遂自經死

逸史曰、謀人之軍、師敗則死之。謀人之邦、國危則亡之、定分也。敢回面草詔乎。春秋之義、嚴如斧鉞、違罪何辭。獨其憤恨自經、震悔免咎、或可追諸忠矣。嗟乎。等死耳、先後差別、且不得成完節、況其他哉。

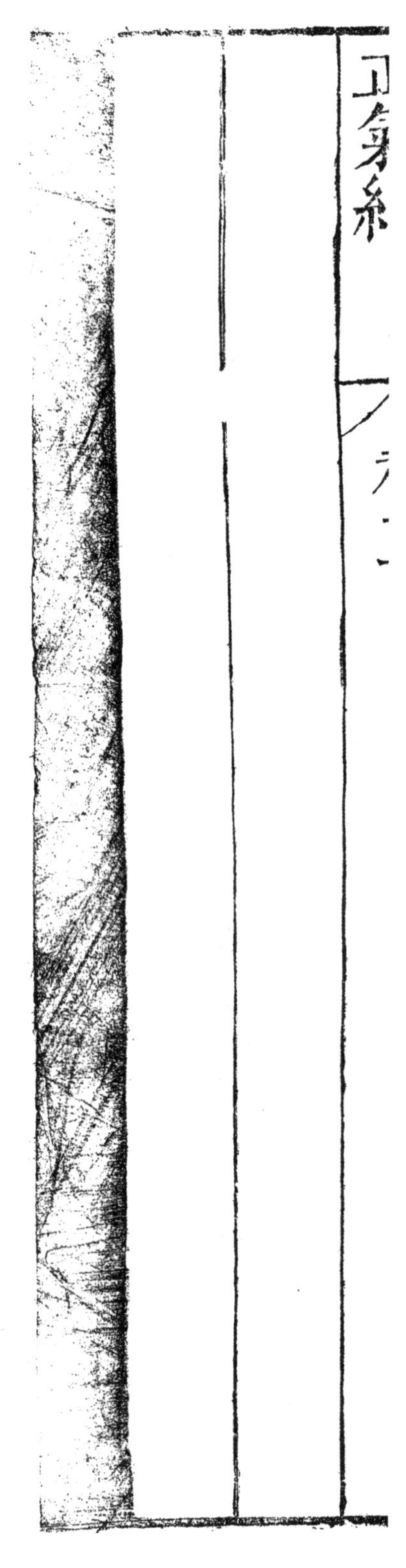

齊泰 女 黃子澄 子玉 楊任

兵部尚書齊泰應天溧水人也初名德洪洪武二十年發解明年舉進士歷禮兵部主事會雷震謹身殿

高皇禱郊廟以官九年無過得陪祀賜名泰三十年擢兵部左侍郎明年進尚書嘗被召問邊將姓名泰歷數無遺又詢諸圖籍泰出袖中手册以進簡要詳密自是益承眷遇

閏五月受

太祖顧命輔 皇太孫時諸王皆尊屬擁兵專制地逼勢嫌泰恐一旦聞宮車晏駕將爲窺伺或托名奔喪擁衆來

京　朝廷不能制乃與太常卿黄子澄進議詔諸王哭臨本國所在吏民軍士悉聽朝廷節制　詔下諸王不悅曰此齊尚書間我也燕府入臨至淮安泰請急出勅符勸歸國繇是疑隙益深泰嘗使燕燕厚賂之泰受而歸請爲兵費　帝益倚重泰泰憤宗戚權重　朝廷勢輕日思所以裁抑之乃與子澄畫策凡親王有罪輒除國泰欲先燕子澄不可故周齊湘代岷相繼罪廢而燕得以有備元年靖難兵起泰專主籌畫命將出師　帝惟召學士討論周官法度處便殿弄柔翰而已再詔閫外事一以付泰泰移檄

指斥削屬籍或難之泰怒曰名正言順敵乃可服北兵遂首以誅泰爲名時尚遣諸親王監督諸軍泰以谷王橞漏師遁還慮遼寧二王近燕爲變皆召還而寧王權與燕合謀不至惟遼王植來遂留之天下勤王兵稍集始戰猶有勝負及北兵過淮泗勢不可支朝廷謫泰及子澄官求解兵燕不聽曰此緩我也進兵益急　帝尋復召泰未及還金川門開　帝遁去泰追之不及奔廣德欲往他郡起兵興復竟被執見　文皇抗辭不屈死之從兄弟敬宗等皆死叔時永陽彥等謫戍子甫六歲戍邊衞妻及妹甥媳

俱發教坊、一女守節不汚後出嫁洪熈初赦子還今子孫猶存故居爲鋪舍人稱爲尚書鋪云嘉靖中知縣謝廷莅爲祠祀之

太常寺卿黃子澄名湜以字行江西分宜人也少受同邑歐陽貞易周與學書淸江梁寅春秋博學負盛名游鄉較同舍避席洪武癸亥貢入太學明年鄉闈舉第二乙丑會試第一廷對擢第三授翰林修撰尋兼春坊官侍東宮講讀累遷太常寺卿　皇太孫立諸王多不遜服一日太孫御東角門召子澄謂曰諸王尊屬各擁重兵何以制

之對曰諸王僅有護兵纔足自守萬一有變以六師臨之誰其能支漢七國非不強卒底滅亡大小強弱之勢不同而順逆之理異也太孫喜曰得先生謀無慮矣既嗣位命子澄兼翰林學士與齊泰同倚任會周齊諸藩相繼煽動帝朝罷謂子澄曰先生憶昔東角門之言乎子澄頓首應曰臣湜不敢忘遂出與齊泰議削奪諸王兵權泰欲先燕子澄曰燕周同毋兄弟也取周先剪燕之手足而燕可圖入白之遂遣李景隆以兵圍河南追周王橚至京師遷之雲南徙代王桂於邉湘王柏聞討狼狽自焚死執齊

誤

王榑囚之、降岷王楩爲庶人、且捃摭燕事加誚讓、　朝廷以爲子澄功、褒賞之、燕上書訟周宪、子澄奏請連坐、决意致討、時燕邸世子兩郡王俱在京、奏稱病篤、以三子請、泰欲收之。子澄曰、不可、若爾則彼先發有名、且得爲備、不如遣之、示無疑也、尋悔、追之不及。己卯三月、命都督宋忠等北征、約北平都指揮謝貴先發、七月、貴謀洩見殺、北兵遂起、移檄天下、言　帝崇信奸回、離間骨肉、遵　祖訓奉天征討、罪人既得、則法周公以輔成王、且去建文年號、惟用甲子、首以誅齊泰黃子澄爲名、破雄縣、懷來、朝廷遣長興

再誤

侯耿炳文帥師禦之相繼敗績　帝召問子澄對曰勝負兵家常事今天下富盛兵強食足區區一隅豈能當天下全力聚兵五十萬四面並進旦夕且成擒矣子澄遂薦李景隆為大將率諸將兵幾百萬往征時　帝寵信特深賜斧鉞餞之江上賞賚無筭而景隆尨昏懦子澄雖授以方畧依違而已始大憂之至河間燕王聞之笑曰九江膏粱豎子耳色厲中餒以數十萬衆付之是自坑之也未幾接戰景隆輒大敗棄其師遁召還又赦不誅子澄始痛哭諫曰景隆出師無紀觀望懷二心不亟誅何以懲將士練子

寧亦執景隆于朝且哭且數請誅之皆不聽已而江淮諸將連敗子澄拊膺號泣曰大事去矣誤薦景隆萬死不足贖誤國之罪乃賦詩志痛曰仗鉞曾登大將壇貂裘遠賜朔方寒出師無律眞兒戲負國全身獨汝安論將每時悲趙括攘夷何日見齊桓尚方有劒憑誰借哭向蒼天幾墮冠聞者哀之北兵日迫廷議謫子澄齊泰於遠方且密使募兵而以竄齊黃告燕對曰此緩我計也請悉召平安吳傑盛庸師還即已　帝遣少卿薛嵓請罷兵又不許兵抵江干蘇州知府姚善言屏子澄以快敵人爲失計始急召

子澄還未至金川已失

文皇即位購之甚急武士湯華縛至京　上雖嚴飭猶有釋用意乃屢挫不屈但稱殿下左右呵之曰臣知殿下以兵力取富貴不知殿下即寶位若欲用臣是不欲以綱常治天下矣　上解顏曰聞卿博學善書不比方孝孺執迷見短朕將悉宥若罪子澄曰經史柔翰治世所用亂世將安用也況富貴瞬息何足重輕殿下向來悖謬不可爲訓恐子孫有效尤而起者是作法之不良也　上變色曰此天命有在聞汝欲借兵以勝我果有之乎對曰

皇祖起義兵定天下。生　殿下勇力冠世、托東北大藩、永衛
王室。乃於北狄胡塵。不能往靖。而反稱戈內噬。若臣引夷
人內攻。與殿下逆謀何異　上曰、此細人言、不足信。朕亦
不以罪汝。汝以魏徵趙普不足學、則迂愚矣。命引江西所
録族人、從子文福富遠輩、六十五人、妻族外親三百八十
人、齊至哀號。大痛、子澄神色端毅。不爲之變。上曰、朕知汝
必不爲我用。當認何罪。責書於紙。曰湜本爲　先帝文臣
不職。諫削藩權不早。以成此兇殘。後嗣愼不可法。
上命截其手、曰汝雖未入島夷、足跡已至海上、復命截其

足族出江西者盡斬之妻妹皆發教坊姻黨戍邊者四百餘人先子澄坐謫時潛携四子珪玉潤澤至蘇州知府姚善處善爲編籍崑山玉爲里正更名彥修珪爲道士更名玄微及子澄被執彥修能操吳音充解役至京潛收骸骨藏於焦山數年洪熙初始葬崑之馬鞍山萬歷癸未有蔣姓月認爲已墳訟之令至山親勘莫能决忽白日雷震一聲青氣一道上衝從西北去又裂出一潭見有石誌乃洪熙元年都御史劉璉譔題曰大明死節太常黄公墓誌銘令大驚聞於撫按爲封墓立祠其一支在分宜者改名曰

經走湖廣咸寧正德進士黃表其苗裔也嘉靖間樂籍有鄭珊者相傳爲澄子孫禮部王學古曾建議放回未及行至萬歷十一年祠郎李三才爲落籍復姓今袁州祀子澄鄉賢祠

袁州知府楊任浙江嘉興人初生有僧過之聞啼聲嘆曰此兒異日必顯特不免於刑耳任性孝嗜學洪武間由人才擢知袁州黃子澄一見以國士許之守袁政多宜民北兵起任引疾歸壬午子澄出徵兵往約蘇州知府姚善航海善不可乃至任家與任謀求舊君以圖大舉事泄俱被

擒至京、磔於市、子禮、詘坐死、籍產族誅、親戚莊毅衍等百餘家、皆遠戍、

逸史曰、古云、國之所恃、在老成人、夫老成者、智以發謀、勇以撥亂、則可坐拯時艱、不然、謀之不臧、即見危授命、誤人國、不少、撥之齊黃、不固有似歟、權首受咎、罪不容口、自余觀之、黃罪較甚、而齊罪止一、一者何、不能捨身耳、上不能從君師、師成偏續次、不能畢命疆埸、報隆遇、下不能較量錯、朝衣東市、塞瀆口、徒以區區趙括、托委重任、而自號計畫、國得不亾乎、及已亾、猶曰航海自欺

矣幸臨刑侃侃典型不失此其操有過人者或曰昔者吳王鑄山煑海日擁重兵削亦然不削亦然豈真錯罪耶於戲

遜國正氣紀卷五終

遜國正氣紀卷六

逸史曹參芳輯次　同郡後學劉襄祚較閱

武忠列傳

禁暴戢兵安民和衆以衛社稷武臣事也古者出將入相一人嘗兼之兼之者何才備也致天下無全才授官不攝事而行師旅扞外患者專謂之曰武詩稱赳赳易曰丈人蓋重之也昔吳起守西河秦兵不敢東向李勣守并州唐太宗以爲賢于長城詎不盛哉建文中右文之典與任閫外者或非其人故臨難趨死凜凜著亢節大率多在勳戚

與下位設是時任用適宜卽命有攸歸而魚爛之埶或不盡然然計不及此申命失時而亟戰亟抗者尤難矣咸將軍曰理明識定心一氣齊捨身竭力正心立志而武職爲忠作武忠諸臣傳。

徐輝祖 子欽 平元 常昇 趙諒

魏國公徐輝祖、中山王達長子、身長八尺五寸、顧盼有神、舉止儼雅、先中山王數鎮北平。特留宿衛。家衆肅然。

太祖心器之。命理左軍都督府。廩賚甚厚、已而中山王北平還病疽。上命輝祖奉　手詔道迎勞。俄王薨守制。終至洪武已巳、始令嗣國公爵。賜誥稱王之勳績。而勉輝祖忠以立志。禮以守身。恪盡繼承之道。尋避　皇太孫諱。賜今名。先是名允恭也。明年、給賚金帛文綺。賜第鳳陽。以歲時入覲。尋給兵百二十人爲衛。二十六年、遣諭北平防胡。

時胡有降衆隸燕軍中蓄異志人發之　上密詔燕王詗實輝祖與王合筴誅之明年練浙江海上兵防倭二十九年學正吳啓言國子師生日夥不爲甄別高下無以勸懲上命輝祖率翰林院禮部詣監試其文藝分別送吏部銓用葢輝祖嘗侍　皇太子學通經史又從詹希元學書善大字故特任之復建武學於京師教授將臣子弟輝祖與駙馬梅殷往來提督絃誦大興　讓皇初嘗召對密言事兼太子太傅

高廟遺詔諸王世子及郡王在京者三年喪畢遣還時靖難

兵將起世子及兩郡王尚留京師乃稱病篤以三子請朝議不許旣而屢請　帝以中山王女燕藩正妃召輝祖及其弟增壽議之輝祖執不可密奏高煦勇悍無賴非惟叛君抑且叛父他日必爲國患增壽與駙馬王寧力爲庇護乃悉遣歸高煦乃潛入輝祖廐中竊良馬馳去亡何北兵起諸徼侯兵往攻之敗始議置大將專征伐二年竟拜李景隆督師北進以輝祖繼之戰于白溝景隆大敗輝祖殿獨全軍而還四年援山東戰於齊眉山大破之斬其驍將再戰益大勝燕人恐將北奔京師聞之謂不足慮矣乃召

還未幾北兵至江上輝祖又與開國公常昇分道出師禦戰不利金川門潰景隆叛輝祖仍率兵巷戰百戶平元迎燕軍力戰而死遜國後羣臣勸進輝祖獨不屈下吏令自招罪狀輝祖無一言惟書中山開國功子孫免死而已

文皇大怒勒罷添其名於奸臣榜尋幽繫五年而卒年四十或曰自裁

文皇曰輝祖與齊泰輩同罪宜論死朕念中山王有大功不可無後召輝祖子釋迦保賜名欽嗣爵欽乞守墓

文皇怒謫居中都萬曆初詔録建文死事諸臣各以官稱而

輝祖居首。

逸史曰事因時起時以執變人情之轉易於環也況椒塗有俔天之妹式閭有同袍之臣稍一委蛇而國舅元勳居然自是疇能易之然必其削奪幽囚没齒不怨囹圄五載愈於小樓嗚呼招之不來麾之不屈所稱世臣社稷臣者吾無間然矣。

開國公常昇開平王遇春仲子也兄茂封鄭國公安置龍州。上念父遇春功封昇開國公　懿文太子妃昇妹也後為孝康皇后靖難兵至浦子口昇同徐輝祖分道出戰

衆散金川失守昺見　文皇謫雲南臨安永樂二年念遇
春開國勳召昺至京賞鈔帛遣還謫所弘治五年詔録
太廟元祀功臣孫復得爲南京錦衣衛世指揮使傳孫玄
旅嘉靖十年議封常李鄧湯四王後十一年續封玄振懷
遠侯
畱守右衛指揮僉事趙諒開平王外孫其母　孝康皇后
妹也諒壯勇知兵建文元年六月任是職親爲信用時時
奉密詔往來軍中督察諸將而諒能效職無私交壬午秋
常宗人並得罪諒亦坐廢憂憤卒

逸史曰、常昇以勳戚受殊恩。不能見義引決。徒跼蹐滇南。豈亦聞故主耶。莊子曰。白刃交於前。視死若生。烈士勇也。而昇歟焉。然以視反顏二心者。霄淵矣。趙諒武士也。亦能憤死。可爲有恥者。

正氣紀

梅殷尾輝 刺李堅 胡觀 李祺 耿璿弟瓛

駙馬都尉總兵梅殷、河南夏邑人、汝南侯思祖從子、洪武十一年尚

高皇長女寧國公主、後大長公主是也。殷爲駙馬都尉、恭謹。有謀、勤學問、能騎射、諸駙馬中、

高皇所最愛者。十九年、勅殷提督山東學較。兼理地方。敕語稱殷精通經史、堪爲儒宗。後嘗受顧命曰。燕王最不可忽。爾老成愼重。可竭誠輔弼。北兵起。殷充總兵官。鎮守淮安。燕王遺殷書。欲進香金陵。殷答書云。

皇祖有禁遵者爲孝不遵者爲不孝　王怒復書言興兵以除君側之惡非人所能阻殷割使人耳鼻授之詞曰留汝口與殿下言君父恩義等於天地及北兵南下竟不敢道淮安別走泗水破盱眙出六合渡江至京師即　帝位殷尚擁重兵駐淮　上迫公主嚙指血爲書以招殷殷得書慟哭詢　帝所在曰去矣殷曰君存與存君忘與忘吾姑竢之乃還京見　上　上曰駙馬勞苦殷曰勞而無功　上猶寵賚甚至久之殷不能平時見辭色　上嘗夜遣小中官潛入殷第察之殷愈怒陳瑛言殷招藏亡命私匿胡

人與女秀才劉氏朔邪説詛幾得罪甲申冬早朝小舟繫竹橋都督譚深指揮趙曦令人擠殷下水水淺不能沒奮舟駕其背而死乃言殷自投水死都督許成發其事上怒罪深曦二人對曰此 上命也奈何殺臣 上大怒立命力士持金瓜落二人齒斬之謚殷榮定初公主謂上實殺殷牽衣大哭問駙馬安在 上笑曰爲公主蹤跡賊已戮之無自苦乃官其子順昌爲都督景福爲指揮賜手書曰朕不念爾毋爾安得至今日後俱改孝陵衛指揮使宣德中與世襲孫純舉成化辛丑進士爲知縣忤上官

敗襲前職官至中都副留守先是公主嘗移書阻靖難兵王不答兵至淮北與公主書言興兵不得已故令遷居太平門外勿罹兵禍公主亦不答公主自恃

高皇長女故屢以大義相規云時有兀剌輝降虜也久屬殷幕下譚深曦害殷請於　上剖二人手足剖其心祭殷畢即自經死葬殷墓側

駙馬都尉李堅河南武陟人洪武中以功臣英子選尚

太祖第七女大名公主爲駙馬都尉嘗與駙馬歐陽倫擬殷[illegible][illegible]賑濟北平堅素負才勇建文初以軍功封灤城侯燕

兵起充左副將軍從耿炳文戰於真定時炳文謹備西[illegible]北兵出不意突擊西南炳文大敗堅與北將丘福接戰互有勝負已而兵敗薛祿引槊刺堅墜馬揮刀來斫堅大呼曰我李駙馬也祿擒以獻 燕王謂曰爾懿親至此奈何堅無降附意命械送北平憤恨死於途子莊以公主故見宥當嗣懼禍繳誥券流寓南京詩酒終其身宣德初卒

駙馬都尉胡觀東川侯海之子也尚 高皇第十女某公主觀素剛果 讓皇重之二年充副將軍佐李景隆北征 燕王謂諸將曰景隆志大無謀喜專違衆郭英老邁

退縮平安剛愎自用胡觀驕縱不治吳傑柔懦無斷數子皆匹夫無能爲也觀聞之憤怒同景隆戰於白溝敗績爲燕兵所殺或曰永樂初被陳瑛劾自縊死

駙馬都尉李祺字承先濠定遠人韓國公善長之子也尚

高皇女臨安公主公主修婦道甚備時婚禮初定光寵赫奕人豔稱之及善長老而祺以能見使任洪武二十三年因父罪囚於家

讓皇憐其枉赦出尋命守江浦北兵入城祺扼腕投水死史異及書法儗皆並載如是皇明主婿錄謂死於洪武二十年似非也故存之

逸史曰甚矣忠義之入人深也之四臣者皆釐降懿姬天潢姻戚豈不知 成祖之親尤親於 讓皇耶而剛毅自持或懟或殉不稍内顧何其決也蓋大義所在所欲有甚於此者書曰以公滅私民其允懷是之謂乎

駙馬耿璿長興侯炳文長子也洪武中爲前軍都督僉事尚 懿文太子長女江都郡主建文元年郡主進封公主璿爲駙馬都尉掌前軍事勇悍有胆畧北兵起以王室懿親得預聞兵事炳文北征璿力勸直擣北平已而炳文戰數敗璿怏怏抱病時對公主悲泣及 帝遜去璿杜門稱

疾不附坐罪死公主復降爲郡主明年春憂卒璿弟瓛累
官至後軍都督僉事燕兵起與江陰侯吳高及楊文率遼
東兵圍永平不克退保山海關及高被間奪兵徙廣西文
守遼東瓛數請攻永平以動北平文不聽靖難後論死
遜史曰哀哉耿璿始以計進既復欽泣終以杜門死公
主亦死於憂憤顧其心豈嘗須臾忘　帝耶炳文以老
臣旣喪師辱國復含忍圖苟全殆陳瑛鄭賜交劾而後
引繩就木晚矣表忠紀獨傳炳文而次二子於後死冤
哉

楊本　周拱元

鎮撫楊本河南中牟人或云浙處州人初爲太學生精於遁法建文初募才畧士本應募授錦衣衛鎮撫時吳王攜軍一日本請王觀兵及登臺見大水淼茫平階一軍皆不見本曰此水遁也及帥師北征本常持一鐵捧重三十斤臨陣馳突北兵披靡不敢前自南北交戰諸將皆敗惟本與平安所向有功李景隆忌功不以聞已而本約日出戰諸軍爲後繼景隆謂諸將曰今日譬之一圜瓜我輩種熟乃爲他人採去耶竟不救遂未成功本上疏畧曰刑屬三

千罪莫大於不孝人倫有五德莫大於盡忠忠君庇民者不可以不懲喪師失律者不可以不罪今都督袁宇與耿炳文喪軍二十萬於燕地　皇上憐其故舊不忍加刑徐輝祖征燕亦私存姊妹之情（寃哉）虧喪兵馬及召還京師猶命大教場操練軍士李景隆四月進兵喪失軍馬無限及責問乃歸罪臣下皆過爲寛宥也乞假臣爲大總兵召募義勇凡先鋒參謀軍政稽考等官臣自當保舉仍特命親王爲監軍疾馳北平問罪則可免生民於塗炭奠宗社於泰山矣朝廷不用本遂孤軍出征力戰不已竟被執不屈繫

獄後濟南失利趙王奔還北平恐人心搖動索本殺之文皇大怒葢素愛其才畧將欲大用也至是惜之

逸史曰異哉楊本治兵之術奇矣出師之謀正矣奇正相生使寄專城未必不盡敵而反乃孤軍致覆惜哉余嘗慨其術之不傳　熹廟時有全國威者自稱得其遺教有陰陽互變火城火帳地陷水砲諸制獻之當宁詳哉其言之也而不果用亦同本之賫志以沒嗟乎合抱之松無庸於埒人之國若甕之繭見棄於裸體之邦信有之也

錦衣衛鎮撫周撰元，沅州人，少讀兵書有得，出入辰沅蠻中交易，蠻人信之。建文元年，應募入京，試騎射答策，悉中，授職軍前效用。凡行間吉凶占候輒中，楊本稱之。嘗引步兵防餉舟，身先士卒。靖難後不屈死之。

逸史曰：占候之學，行間所重。子房得之奇門，武侯精於六壬，誠意稔於太乙，各用所長，各兼所要，推其原，莫不本於五行六甲。蓋五行天地之功用，六甲效靈於五行者也。撰元亦測其微乎，而抗節以死，不詭於正道矣。聖人曰：修身所以事天。

謝貴　彭二　盧振　倪諒

北平都指揮使謝貴者，未詳所自起。洪武二十五年，以錦衣指揮僉事陞河南都指揮僉事。二十八年，坐法當死，尋宥，降河南衛指揮僉事。讓帝即位，慮北平有變，齊泰薦貴智勇，乃授是職，爲北平都指揮使，俾覘燕動靜，即有事先發。後聞。己卯六月，貴部署七衛兵，布城中，迫王城外墻，以木栅斷端禮四門。王命指揮張玉、朱能等帥護衛勇士爲之備，能請先擒貴昺。王曰：彼防守既嚴，猝難擒獲，須以計致之。今奸臣遣中人逮獲衛官屬，宜悉依所坐名收之隨令中人召昺貴付所逮者則貴昺必來來則縛之一夫力耳能等曰善乃匿壯士端禮門內召貴昺入久之二人果至衞從甚衆門者呵止之惟昺貴兩人入至門壯士即擒責問不屈殺之隨衆移時得知皆散走王等率勇士捕之是夜攻九門克其八僅西直門未下都指揮彭二素負氣節果敢能任事見昺貴被殺將卒驚潰急躍馬大呼市中集兵民數千殺入端禮門奮怒衝擊而燕兵銳甚力不能支戰歿燕將唐雲往諭羣衆守兵俱逸乃盡克九門靖難之兵起矣

逸史曰骨肉藩封變起倉卒捍禦固難然　文皇之志素矣卿大夫知之國人知之當事者獨輕入虎穴引頸就刃何懵然耶論者謂其舍身之義小誤國之罪大亟也偉哉彭公叱咤衆旅横擊王宮事雖未成亦可無恨豈與貴同日語哉

北平盧振燕護衛指揮也乃心王室　帝素知之己卯六月詔遣燕官較令昺貴密約振爲內應事洩昺貴見殺遂執振詰責不屈殺之夷其族奸臣榜四十四人武臣惟振與廖鏞宋忠三人與焉先是有左護衛千戸倪諒與振

友善覘燕必變預告府中事逮官較于諒周鐸等伏誅燕王恨之及靖難兵起諒逃捕至將殺責其不忠諒曰此政臣忠處族之壯者戍邊癃幼者剌離間親王四字充錦衣衛鞍轡局軍

遜史曰士有至性遠邇親疎不得而間之燕之護衛燕官也不親於燕而親於朝大義使然耳故預圖於事前僕死於變後不撓之衷視友直輩千仞而上矣

馬宣　曾濬　余瑱　宋忠子謙　彭聚

孫泰

馬宣不知何許人，建文初，爲都指揮，守薊州。靖難兵起，張玉以薊鎮外接大寧，可控引女直諸虜，且兵多騎士，三河潞河躍馬可渡，不先定，將爲後患。燕因遣玉及朱能將兵攻之。時宣果起兵西行，將攻北平，遇燕兵，戰于公樂驛，不利，退保薊州，與鎮撫曾濬閉城堅守。反覆諭之，不下。玉等擁衆急攻，宣出城再戰，敗，被擒，并擒濬，皆不屈，宣罵不絶口死。

余瑱者、北平衛指揮使也、建文時歷官都督、初與謝貴密謀不遂、貴死、瑱走居庸關、時宋忠承制令瑱守之。瑱簡練關卒、得數千人、將進攻北平。燕議曰、居庸險隘、爲北平咽喉、瑱若據此、則拊我背、宜急取之、緩則增兵繼守、難圖矣。遂專力擊瑱、瑱且戰且守、援兵不至、棄關走懷來依忠。忠又敗、北兵紿曰、石頭城亦破矣。瑱曰、石頭城便破、吾亦不舍懷來。力盡被執、不屈死。

宋忠者、錦衣衛指揮使也、智勇有名。洪武二十九年、百戶有論死非其罪者、忠䟽救、御史劾之、太祖曰忠率直無隱爲人請命何罪爲并宥百戶戍邊三十年爲御史劉觀劾調鳳陽中衛明年平羌將軍齊讓討西夷無功以忠爲參將從征虜前將軍楊文討之凱旋得復官錦衣建文初勅忠以都指揮總邊兵三萬屯開平盡簡燕府護衛壯士從忠聽忠節制又以都督徐凱屯臨清耿瓛屯山海與忠相犄角且約張昺謝貴葛誠爲內應及昺等遇害靖難兵起奪居庸關守將余瑱敗走忠不敢進退保懷來 燕王謂諸將曰宋忠擁重兵懷來必爭居庸宜乘其未至先擊之諸將皆曰敵衆我寡難與爭鋒宜固守

以待其至燕王曰此非爾等所知當以智勝難以力論
遂率馬雲徐祥等精銳兵八千卷甲倍道趨懷來獲諜者
言忠激諸將士云爾等家在北平者並爲燕屠滅盡努力
復家讐報國恩燕王急令其家人張故旗幟爲先鋒遥
呼其父子兄弟相勞問諸將咸喜曰我家固安宋總兵欺
我遂倒戈走忠倉卒列陣未成燕兵一麾度河鼓譟而進
忠敗死之子謙鎭南衛指揮後謫戍邊尋賜死年十六歲
都指揮彭聚孫泰俱北平都指揮也從宋忠守懷來每先
登頗有斬獲忠敗泰中流矢流血被甲慷慨裹創奮力大

呼與聚奴戰俱陷陣而亡當是時爲靖難兵所俘者百餘人皆不肯降以死大半不可考矣

逸史曰燕將非盡賢於南也胡戰勝攻取算無遺策使智不及謀勇不及戰至是哉語曰勝則草木皆兵敗則智勇俱困名將不如福將有以也而懐來之士自將帥而下皆以不降死偉哉過於田橫矣士固不可以成敗論也

楊松 潘忠 甯忠 劉燧

徐凱 程暹 俞琪 趙濂 胡原 李英 張傑

都督楊松、繇都指揮擢是職、爲耿炳文先鋒、時炳文駐兵真定、遣都督徐凱領兵十萬駐河間、潘忠屯鄚州、松帥驍勇九千人進據雄縣、約忠爲援。燕王謂諸將曰、今夕中秋、彼必不備、飲酒爲樂、此可破也。亟行夜半至雄、圍其城、而忠援兵未至、黎明、城破。松與麾下九千人皆戰死。時燕王度忠在鄚州、尚未知城破、必引衆來援、遂命領兵千餘渡月樣橋、伏水中、又令軍士數人伏路側、望見忠等接戰、卽舉砲、既而忠果帥師至、燕兵逆擊之、路傍砲舉水中伏發、據橋、忠戰敗、急趨橋不得、北兵背腹攻之、遂生擒忠、甯忠累官都督、建文初、充右副將軍、與駙馬李堅佐耿炳文北征、駐軍真定、潘忠楊松敗、王至鄚州、獲降將張保、保言炳文兵十三萬、半營滹沱河南、半營河北、　燕王計欲炳文并其衆、則易破、乃善撫保、遣歸、詐言兵敗被執、幸脫歸、又令言雄縣敗狀、燕兵旦夕且至、炳文遽信之、盡移南營、燕兵次無極縣、炳文軍滹沱河北、出西門而營、直抵西山、次日、燕兵未至真定二十里、擒樵採、知炳文惟備西北乃率輕騎數千繞出城西炳文適送使客出覺兵至奔回急趨橋燕兵斫橋炳文幾被擒城中大驚炳文乃率堅忠交戰　燕王與丘福復以奇兵出其背循城夾攻横衝其陣炳文大敗急奔入城軍爭門門塞不得進踏藉死者甚衆忠及都指揮劉燧等皆被執後忠與妻徐同死徐卽凱女也

徐凱者合肥人也字子安父興以開國功累官成都前衛指揮使凱襲父職爲茂州衛指揮使守松潘掌鹽井衛事征買哈喇有功又副沐春討刀幹孟陞都督僉事鎮守四

川、階文官軍叛、會都督甯正討平之、建文元年、副大將何福征百夷、靖難兵起、練兵臨淸、二年十月、凱與陶銘守滄州、與吳傑平安盛庸相犄角、燕王聲言破遼東、凱等諜知之、信以爲實然也、燕兵自通州直趨、三鼓起程、一晝夜行三百里、遇哨馬盡殺之、食時掩至滄州、凱猶不知、督軍運土築城如故、及兵至城下、始覺、亟命分守城堞、衆皆股栗、倉皇無措、燕麾壯士緣東北登城、凱麾師出戰、不勝入城、東門之卒先潰、凱及都督程暹、都指揮俞琪、趙滸、胡原、李英、張傑、將校百餘人、皆被執、械送北平、道卒、逸史曰嗟乎雄鄭失守滄城隨棄破竹之勢成矣夫戰兵之道速則取勝遲則變生故曰兵聞拙速未覩巧之久也而諸將擁兵犄角坐受困亡豈天使然哉所恃者不負義聊以盟心耳

朱鑑　卜萬

朱鑑者、北平行都司都指揮使也、守大寧、北兵至、諸將陳亨房寬皆降、鑑獨率兵死戰、力不支、被縛、罵不絕口死之。

皇帝加卹典。燕王檄中所謂萬段凌遲處死者即鑑也。

都指揮卜萬、未詳所自起、建文時爲大寧守將、謀勇自負。每戰先登。北兵憚之。部將陳亨欲降、畏萬不敢發、燕行反間、貽萬書、盛稱奬萬、極詆毀亨、緘識牢密、召所獲大寧卒解縛、厚賞之、置書衣中、俾歸密與萬、故使同獲卒見之、怪問守者曰、彼何爲得此、守者曰、遣歸遺密書於卜都司、卒跪告守者曰能為我請得偕行惟命是從不敢望賞守者為請遂遣歸而竟不與賞不得賞者終不平至即發其事劉貞陳亨摻卒衣得書遂執萬萬極辯不能白下獄死未幾亨竟降貞遁遼東大寧相繼不守矣

遜史曰兵法上下同欲者勝以虞待不虞者勝未有氣隔心悖而能成功者善乎朱鷺之言也異同之為事利害也甚矣哉彼已相能固於堅城一水一火鬭所自起若亨萬同心一德其利斷金誰剸無閒之刃哉亨既忌萬將亦有意色可揣而萬曾不覺何闇也志曰當發不

發大賊乃作卜萬之謂乎亨以叛全萬以忠獄冤哉其亦足以爲共事者鑒矣

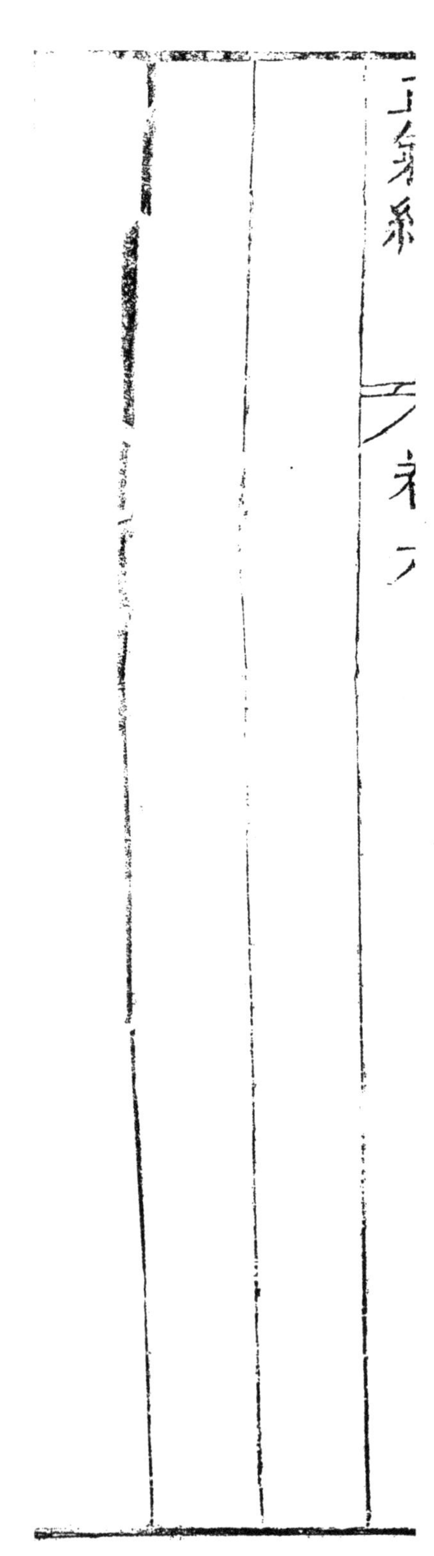

張安　儲福妻范

張安者故指揮也與靖難兵戰被執道亡隱於樂淸以樵爲業毀名異行人莫有知者一日採樵歸聞人言京師陷卓侍郎被殺大驚愕顚天號哭曰國旣就簒我不願爲其氓遂棄柴投港死一時稱爲樂淸樵夫云

儲福常州無錫人燕山衛卒也年二十餘頗好義見人談往古節俠事便欣賞不已北兵起福感憤挈母妻逃福雖逃猶以北事爲恥心忽忽不自得毋與妻范語皆節孝事范亦甚義之靖難後詔捡購戍卒入伍福在録中調曲靖

衛挈家行乃仰天哭曰吾雖賤卒義不爲從逆之臣號泣弗輟竟不食死母韓妻范營地葬之范年僅二十奉姑孝謹每哭則走山谷中大慟不欲使姑聞恐貽姑戚也居貧不能養時懷隱慮一日往谿澗浣衣見谿傍草甚茂與蘇席草無異因取織席爲養姑需姑年七十餘終爲營葬廬於墓傍終身不移年亦八十餘卒卒後草竟不復生鄉人義之即其廬葺爲崇孝菴與福同祀之

遜史曰壯士聞戰志切忘軀而被執胥遁卻矣致龥天號泣束薪投港何烈烈耶豈亦聞風而興起者儲福一

衛卒耳而始遁既高蹩復得正致感其妻終身孝謹姊少君德耀而上登非仁人也哉使屈起行陣以九江任之當必有可觀而天地反覆賢人晦藏致身無地僅一節士嗚可慨也

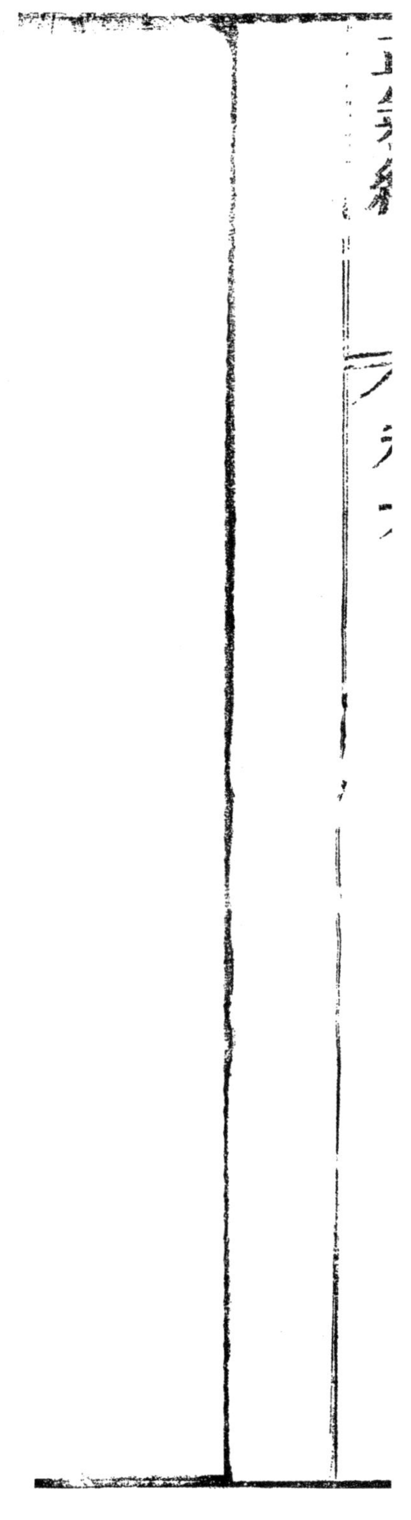

張倫　陳質

河南指揮張倫不知何許人勇悍負氣節喜觀古忠義事建文初薊州衛官起兵攻北平不克死倫發憤合兩衛官率兵南奔建義旗募敢死士結盟報國初從李景隆已而從盛庸並立戰功靖難後招倫降倫笑曰倫將自賣爲丁公乎死之

江西都指揮使陳質夙有威望建文初充參將守大同尋陞中府都督同知發代府陰事代簡王獲罪及北兵出懷來質以西師助宋忠忠敗退守大同志圖勤王靖難後被

執抗辭不屈死之

逸史曰昔文信國結溪洞民入衛人笑之以驅羊搏虎文曰國家養育臣庶三百年一旦有急無一應者吾深恨故不自量力而以身狥厥天下臣庶將聞風而起義勝者謀立人衆者功濟如此則社稷可保君子曰若天祥者可謂智矣吾於張陳亦云如必觀望審執成則倖榮敗則背之是豈人理哉

鄧戩 陳鵬 瞿能子 滕聚 俞通淵

都指揮鄧戩陳鵬與都督吳傑等守真定　燕王曰若吳傑等嬰城固守是爲上策倘來求戰是下策也當設奇以誘之乃散軍四出聲言取糧又令較衛荷擔抱嬰兒佯作避兵奔入城云燕軍各散取糧營中無備戩等信之乃出師與燕兵遇於藁城燕人奮擊矢下如雨箭集　王所建旂如蝟毛擒殺甚衆忽大風起發屋折樹燕兵乘之戩師大潰與鵬俱被擒繫獄憤卒

都督僉事瞿能字世賢合肥人功臣都督通之子驍勇有

名以禮餙躬洪武中以四川都指揮使與同知徐凱統兵
從藍玉擊西番有功又從都督聶緯討建昌叛酋月魯帖
木兒又副藍玉破賊雙狼塞以都督職掌雲南都司靖難
兵起召同李景隆攻北平能果敢善戰兵埶甚鋭與其子
率精騎千餘殺入彰德門勇不可當顧後軍不繼乃勒兵
以待景隆忌能成功以大軍未至阻之於是燕衆得乘夜
汲水灌城天寒氷卒合明日我師欲登城不可得矣景隆
率師駐白溝河與燕軍迎敵能父子奮躍所向披靡殺傷
甚衆日已暝各收兵還營　王曰勝負常事耳彼軍雖衆

明日當破之至期麾精騎數千突入高煦率張玉等兵齊進 王先以七騎馳擊之南師飛矢如注射 王馬三被創而三易之幾爲能所及薄暮能復引衆跳盪而前大呼殲燕斬其騎數百人越嶲侯俞通淵陸凉衛指揮滕聚復引衆赴之能氣益鋭會旋風大起北兵乘埶突擊復以勁騎繞出其後南師遂北能猶揮戈斬十餘騎父子力戰而死滕聚俞通淵俱死

俞通淵盧州巢縣人父廷玉開國有功没於陣追封河間郡公兄通海功最位平章追封虢國忠烈公通源定中原

有功封安南侯通淵少隨父兄集義旅以舟師應
高祖渡江起叅侍舍人既從大將軍征秦隴燕趙陞督府僉
事又征哈剌哈至捕魚兒海獲酋長人畜孳轉餉江西充
偏將征都勻龍場諸蠻克辰沅寶慶俘獲頗多封越嶲侯
討建昌叛賊城越嶲二十六年坐累奪侯還鄉建文初召
見授豹韜衛指揮充偏將從大將軍禦靖難兵號敢戰與
瞿能父子忠義相礪白溝河之役諸將因風逋竄通淵力
戰而沒朝廷悼卹勑葬聚寶山虢國公墓側命子靖嗣爵
尋卒幼子端優給錦衣衛全俸亦卒靖難後削職

逸史曰、昔劉項角鬪仁暴異形天以風助之佑有漢也至靖難時亦然而仁暴之跡不與焉何羣雄漸滅至此耶嗟乎造化亦多奇巳堯舜無子湯武無君公旦無弟兄豈天固留此缺陷令百世憑弔耶諸臣殊死戰無如風何卽無如天何矣而柔懦之夫坐失事機自謂知天亥哉

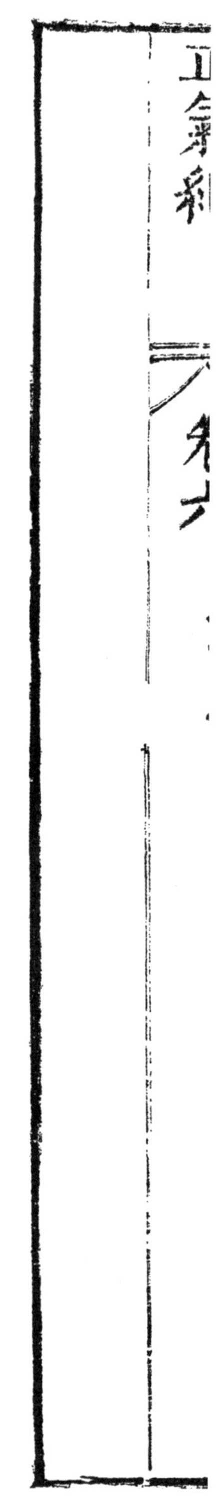

莊得　楚智　張能　小馬王　韋諒

何清　蘇巘　唐禮　薛鵬　弟鳳　丁艮　朱彬

朱榮　花英　鄭琦　詹忠　王恭　賈榮　詹璟

西凉都指揮莊得，洪武末召至北平，爲燕兵右翼，出塞有功。建文初，隸宋忠麾下，懷來之戰，惟得一軍獨全。後盛庸夾河之捷，得奮力助庸，斬大將譚淵。已而北兵以勁騎乘暮掩擊，得力戰死之。

都指揮使楚智，素稱驍勇，洪武中出塞有功。建文初，守北平，尋召還，從李景隆統騎兵，遇戰輒奮力，北人望旗幟股

慄夾河之役、馬陷、爲燕兵格殺、

張能以都指揮充偏將、力挽千斤、每遇北兵、輒揮皂旗先登、軍中呼爲皂旗張、所向披靡、轉戰山東、屢有俘馘、至夾河力戰死、猶執皂旗不仆、北人驚異、

小馬王失其名、以常騎一小馬如雲、故名、官指揮、臨淮人、白溝河之敗、脫胄付其僕曰、吾爲國死、爾以此付家人、言畢、盡力轉鬬、連殺數十人、立馬豎鎗而死、敵兵歎曰、古名將不多見也。

都指揮韋諒、守眞定、時房昭引兵入紫荊關、掠保定下邑

結塞號召義勇承制自授指揮千百戶進據易州水西寨尅期攻北平諒率萬人運餉入援　燕王聞之曰昭得諒兵不可圖矣乃統衆先擣諒寨諒不及防鬬死

都指揮何清死於白溝河千戶蘇巚死於德州之陣素稱勇力過人

唐禮官都指揮徐凱滄州之敗盛庸引兵出德州營於東昌令禮將騎兵殿後而以孫霖爲先鋒營滑口北兵夜襲破之被執不屈死

指揮薛鵬與靖難兵戰於汶上先勝後忽敗被執送北平

道卒弟鳳自縊。

丁良朱彬皆指揮從何福征與燕將陳文戰於小河福斬陳文於陣。燕將張武見陳文戰歿率勇敢士自林間突出。合擊良彬不及防被擒死之

朱榮都指揮守眞定與燕兵屢戰有功。忽蹶被獲嘔憤而死。

花英鄭琦王恭皆都指揮使定州之役與指揮詹忠逹陣敵燕既敗績俱被執送北平。英自殺。琦恭忠憤死於獄。

指揮賈榮湖廣與國人勇敢自負。建文三年與燕將朱能

戰於衡水被擒不屈送北平道死

詹璟亦指揮燕兵掠東平璟被執送北平道自殺表忠紀

贊曰糾糾武夫裹葦是誓覽陣陷堅洞脣決眥人疇不死貴得死所貢父有誅以愧窟鼠

逸史曰兵志云將受命之日則忘其家臨軍約束則忘其親援抱鼓之急則忘其身故曰戰死者上也獄死者次之然義不受屈命與志伸亦烈矣豈規避偷生者可望哉

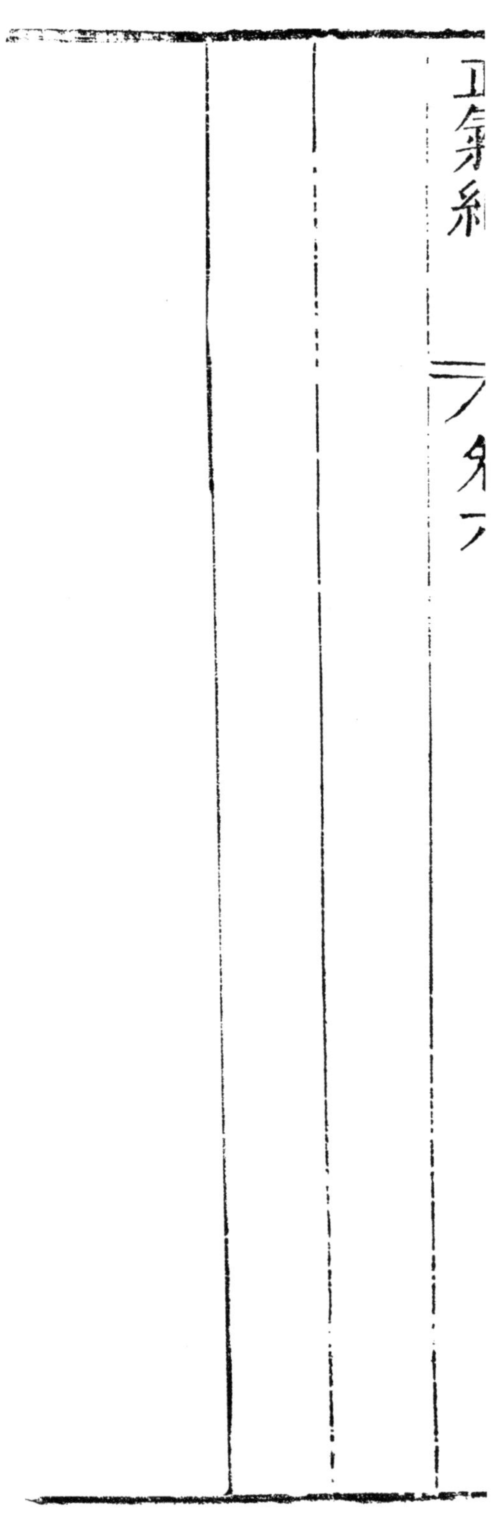

宋瑄　崇剛　徐讓　衛健　張昌

段實

指揮使宋瑄鄆國公晟之長子建文中爲府軍右衛指揮使數從諸將禦北平有功戰於靈壁瑄披甲躍馬先登斬首十數級已而諸營盡敗瑄猶格鬬不休力盡乃死靖難後晟功名大著封西寧侯永樂中兵部上列侯子孫名乞嗣封瑄子當嗣　文皇惡瑄以弟琥代之

指揮崇剛未詳里氏沉鷙有膽略與王彬同守維楊練兵繕甲濬城濠彬倚重之北兵至專以城守事屬剛晝夜不

解甲盡力防禦異心輩忌剛不敢發及彬爲麾下所縛知縣張本開門迎降剛發憤欲戰并縛剛剛與彬同不屈死

鎭撫徐讓爲山西布政司理問才氣磊落有口辨應募來京賫書物往北平議和解兵慷慨立談　王不荅遣還戰歿

衛健爲山西孝義縣丞讀書達吏事膽智過人亦應募至北平見王陳說大義請熟思之不聽還與徐讓並授衛鎭撫軍前聽差遣旣戰歿

逸史曰金川之失崇宋先之也而歃血登陴力戰而死

與死且不屈豈盡人罪哉嗟乎人之云亡邦家其喪崇宋之謂也徐衛者慷慨陳說有古策士風蘇子曰以比干之心行蘇張之事二子以之

內官張昌一名長壽與叚實素以忠義相勗恥與諸中官伍昌奉差爲眞定監軍悉心防禦旣被執道死叚實守徐州有功壬午二月燕兵至實敗績不屈死

逸史曰余攷遜國中官自何周而外復得張叚二人皆以不屈死可謂忠矣至甲申而之臣承恩輩或僵伏御側或碎首堂陛忼慨之風屢見愧平日盜名者衆矣嗚

呼黃門何翩翩多君子也語曰金生沙礫珠出污泥信矣信矣

哈三帖木兒　林帖木兒　婁鬼里

騎將哈三帖木兒者胡人也性猛而忠號敢戰隸火耳灰麾下從平安於淝河安斬燕將王真引騎兵三千駐北岸高城　燕王恃　帝禁以數十騎當之諸將相顧錯愕耳灰持矛直刺王前相拒不數步燕將童信引弓中其馬馬踣遂生擒耳灰三帖木兒持矟突來救耳灰信復射之人馬俱仆并生擒之三帖木兒不屈死耳灰亡林帖木兒婁

兕里皆胡騎指揮懃直而勇渦河之戰被甲先登橫擊屢勝旣馬蹶被擒死之

逸史曰余讀高皇蒙古色目之諭眞如覆載之無私繼以讓皇之休養安全華夷無間其慕義作忠也宜哉惜乎能感激於異類而不能弭釁於未然豈果所能者人所不能者天耶孔子曰夷狄之有君不如諸夏之亡也可勝慨哉

遜國正氣紀卷六終

遜國正氣紀卷七

逸史曹參芳輯次　同郡後學劉襄祚較閲

隱遯列傳

傳曰臣之事君有死無二故纒臣者咸以死爲忠殊不知死易而生難彼死于十五年之後者豈忝於十五年之前者耶彼顚頂黃冠歸故鄉者豈不愈於厓山抱石者耶所以孔子稱殷有三仁視行遯靖獻與披髪剖心無二葢欲人臣各行其是無愧于心而已矣豈必等而同哉若革除已後黨禍方張不希胡解之榮者必罹方黃之慘不得已

而思其次僅有肥遯以自明讀峨眉亭詩想見其深衷矣夫不事王侯既存君臣之義而鴻飛冥冥益深宗祀之誼故相攜而去容與丘樊異行毀名甘心牧豎雖故都風物傴側日增而俯仰顧盼流思耿耿不降不辱終身莫稄豈硜硜沽名者可望哉特高標霞舉秘跡繁多其果行育德事不盡言僅以所識者作隱遁諸臣傳

終。

東海逋臣者不知爲何如人也無常居常往來道路多宿道觀僧舍中一日過神女廟題詩曰襄王此日知何處空見朝雲暮雨時題畢竟去其踪跡不可攷時蜀中蛾眉亭亦有隱士題曰一個忠臣九族殃全身遠害亦天常夷齊歿後君臣薄力爲君王固首陽一時驚爲建文遺臣而劉炎徵嘗爲傳之謂靖難後網羅初張負高行者入荒墜窮山間諸凡可悲可涕之事大都秘而不發即發而不傳者不知凡幾何人而逋臣始挂一云

遜史曰皇甫謐作高士傳而魁偉畸行有足多者然自孤竹長饑而下身值明時或高巳違情釣采華名者衆矣未若彼樵人居士蜿蜒山麓水碕與夫踽踽道路心名不顯影與形離者翩翩足法也嗚呼噫歌巳盡戴益無時舍數子其誰與歸

劉亨　龔詡　高賢寧　陳周

縣丞劉亨盧陵人字嘉會博通經史洪武壬戌以賢人君子徵辭以親老得歸養久之復舉經明行修入對稱旨命說書於華蓋殿以言事忤出爲壽州訓導建文初應詔上書言文武並用長久之計六卿職畀於五軍當並爲一品國子祭酒師表天下位不可在太僕下諸武臣子弟他日當授之兵宜立學教之多見聽用陞武進丞修舉學政勸課農桑恤孤寡表節義凡淫祠妖妄皆禁絕之於縣治傍作養教坊再思亭以風勵民庶三年上績賜勅褒寵壬午

縣民李得茂馬阿寶作亂謀於令乃以鄉兵擒首惡戮之餘黨諭降俘全甚衆靖難後有言亨昔上書改舊制者斥歸遂杜門不出後有薦入館閣修永樂大典亨以疾固辭聘爲楚粤考官亦皆不就宣德中御史尹崇高復言亨學古行高雖老可爲廣文式亨造朝自言年近八十豈能造士　上聞之曰伏生九十尚傳經八十爲教官何不可亨懇辭吏部尚書郭璡上言老者安之朝廷豈少此一人宜聽還鄉自便遂得歸正統中卒

衛卒龔詡字大章崑山人年十七爲金川門守卒北兵入

詡見國破衆迎拊膺慟哭遁還鄉隱居耕讀德業漸進宣德中周忱撫吳兩薦爲崑山太倉學官辭不受或勸之荅曰詡仕亦無害於義但負往日城門一慟耳竟隱終身門人私謚爲安節先生

國子生高賢寧乃山東濟陽生曾受學於王省建文中貢入國學北兵攻濟南不下射書城中諭降時賢寧在城作周公輔成王論荅射城外靖難後被執　上曰此作論秀才也好人命官之賢寧固辭其友紀綱時爲錦衣衛指揮方貴倖勸之就職賢寧曰君以單旅發身余書生食廪有

年於義不可綱言於　上全其志而遣之歸年九十七卒

陳周蘇州人建文中進士其先與吳僧道衍友善靖難後衍因力薦之時有訓導王達亦與衍善衍亦薦達出受侍講周遂逃之堅隱錫山終身耕圃意趣悠然達嘗懷憂久之

文皇難以十難字達愧自死君子曰醜陳周矣

逸史曰之四臣者有用才也以有用之才而甘心淪棄亨不以學顯謝追舊慟高念饑虞周遠勢交皆胸有所恃不以利達攖情者嗟乎頤期之老慇慇少主是慕薄秩賤隸終身不易初心疇其能之史云秉方不忒臨義罔惑諸君有焉

高遜志　韓郁　胡子義

太常少卿高遜志字士敏徐州蕭縣人元末僑寓嘉興好學問受業宣城貢師泰鄱陽周伯琦遂昌鄭元佑爲文深沉典雅成一家言年廿五爲鄮山書院山長洪武二年徵修元史爲翰林編修累遷侍讀學士偶以事謫居朐山建文時起是職兼學士與董倫同爲會試考官得吉水王艮常熟黃鉞莆田陳繼之輩一時稱知人靖難後遜志遁去不知所之殆晦隱終身挺節不汚耶或云經死

監察御史韓郁一曰康郁建文中上書言竪儒偏見病藩

封太重疑慮太深周王廢湘王焚代府被催而齊臣又告王反矣夫脣亡齒寒人人自危致有今日之變爲討者必曰兵不舉則禍必加是朝廷激之使然燕舉兵兩月矣前後調兵不下五十萬而一矢亡獲謂之國有謀臣可乎經營已久軍輿輒乏將不効謀士不効力徒使中原赤子困於轉輸九重之憂方深而出入帷幄者方洋洋自得果何心哉諺曰親者隔之不斷疎者續之不堅陛下不察不待十年悔無及矣幸少垂洞鑒興滅繼絕釋代王之囚封湘王之墓還周王於京師迎楚蜀爲周公俾其各命世子持

書勸燕罷兵守藩以慰宗廟之靈明詔天下撥亂反正篤厚親親宗社幸甚不聽靖難後遁去不知所終

僉事胡子義一名志遠刑部郎子昭之弟也以薦辟分教威遠復繇典寶官按察僉事聞兄死辟世丹稜嘗有懷鄉詩曰一區廢宅棠山下半畝方塘夕炤中鄉國匪遙身自遠乾坤雖大足難容蜀獻王聞而憐之令削髮爲僧子義執不可曰髮吾親遺體安敢棄置終日作閹剌狀也王益敬義有二子僅數歲即仰天泣曰吾兄無後彼不絶吾裔二子當免難竟棄去莫知所終

逸史曰易言地道即臣道也地道無成而代有終諸君子皆鴻飛冥冥莫知所終何也豈有美內含欲從王事而弗敢成故托跡翱翔耶深心哉矯如秋霜者煒若天虹隱見去來吾終莫測其微也

王璡　孫鎮　石允常　周縉朱寧　孫岳　袁杞山子嚴

寧波知府王璡，字器之，山東日照人，通經史，尤長於春秋。初仕教授，坐謫，洪武末，以賢能薦授府職，杜私謁，革利弊，政教兼舉，自奉甚約，一日見饌兼魚肉，命撤而瘗之，號埋羹太守，尤痛繩武人之不法者，故軍衛銜之。壬午北兵南廹，至江上，璡造船爲勤王計，衛吏縛送京師，上問造船何爲，璡徐對曰：將繇海道趨瓜州截路耳。上義而釋之，得還田里，扼吭而死。

衛輝知府孫鎮，南京合肥人，洪武間以經明行修中制科除戶部主事通敏練達時以課程事罪本部官鎮諫不宜連坐謫戍雲南尋復職應制賦禁柳詩稱旨擢衛輝守毀淫祠撤浮屠興學課士教民樹畜驅蝗禱雨神率效靈靖難兵至抗節不附壬午秋謫戍山海廿餘年宣德初薦起爲上饒丞不受號沖玄子以終

常州同知石允常字恒德浙寧海人洪武甲戌進士歷官河南僉事廉介有聲人稱謂石清潭時徵行民間聞哭聲甚悲允常察之知其女爲閹宦逼奸而死受其訴聞於朝捕宦抵大辟爲讒所搆左遷是職北兵起允常棄職歸

文皇追論建文間廢毀周府官僚事逮至者五十餘人允常與焉衆悉洶洶懼服罪以當時有旨凡舊事輸情服罪者止贖米五十石仍於原官加一秩用之允常獨鍛鍊百端堅不肯服繫獄二年免死謫戍中屯衛躬擐甲冑幾三十年年七十代還過南畿感愴憤卒於舟中遺文曰遇安集

永清縣典史周縉字伯紳楚武昌人洪武中貢入太學初授是職居官廉謹攝令事捕蝗弭盜有聲北平兵起一時守令多迎降永清地尤近燕縉極力拒守而民爭逃散縉

度不可爲懷印南奔將他圖焉道聞母喪還家畢葬即出糾義旅勤王戰艦戎器畧具聞王師熸天命去矣乃走匿民間已而蹤跡漸露有司即其家械送京師縉自分必死慷慨就行至京朝廷特下之獄久之謫戍興州居數年子代還屏跡田園年八十終吳文定寬爲縉傳有愧世之爲丁公而倖免者是時吏部言北平屬州縣官朱寧等二百九十一人當靖難時俱棄職遠遁宜寘法典俱逮戍縉其一也寧等難盡攷矣

都督同知孫岳洪武中從大將軍立功歷陞是職建文中

克鳳陽守將、北兵起、岳大修戰具、撤寺材爲戰艦樓櫓、戈甲咸有法式、列寨淮西、水陸有備、北兵畏之、竟從下流渡淮、至盱眙、及金川門陷、岳猶堅守中都、永樂元年、法司劾岳拒王命、逮至京、安置海南、死、

袁杞山者、嘉興人也、逸其名、性俠好義、尤邃經學、與蘇州守姚善交、因交王叔英、黄子澄、名挂黨籍、子澄來蘇謀匡復、數詣杞山、及同邑楊任家、許千戶既執姚善、疾至袁楊并拏、而袁先出、乃械楊去、坐籍沒、戍邊者七十餘家、袁一子戍北平、洪熙四月、復還土田、而袁返陶庄、戒子孫世勿

仕子顥有學行多著述有主德篇主者帝也紀帝在位德政也俱杞山尸授當日睹記事裔孫袁黃跋曰建文施仁行義自三代而下最稱淳厚緣　太祖實錄多所刪改而諸臣著述又拘時諱不敢稱揚遂使淑德善政漸滅不存我祖杞山先生得於目擊家傳此不可不傳者也刻在成化中

逸史曰語有之士可殺而不可辱此言爲治世惟然不幸躬逢末季龍蛇以陸則殺可辱可辱而殺殺而辱亦無不可蓋天生豪傑智勇俱備欲其相用不用則角角

則鍜鍊催殘成一代偉節而生死榮辱罔筭也孫石諸臣辱而戍戍且死者豈非其倫哉夫主德既修臣下並烈蟬蛻壓囂負櫪邉關靡可紀極若陳晃滌大舉劉賢朴善夫過紀皆以節稱而行實不少概見余輯之而悲一時冠裳甲冑致身無所風波難久立下流不可居茫茫天地南北皆迷陸隱何巢舟藏靡窒處則不知所託行則不知所之又不獨朱寧二百九十一人然也噫嘻盛哉

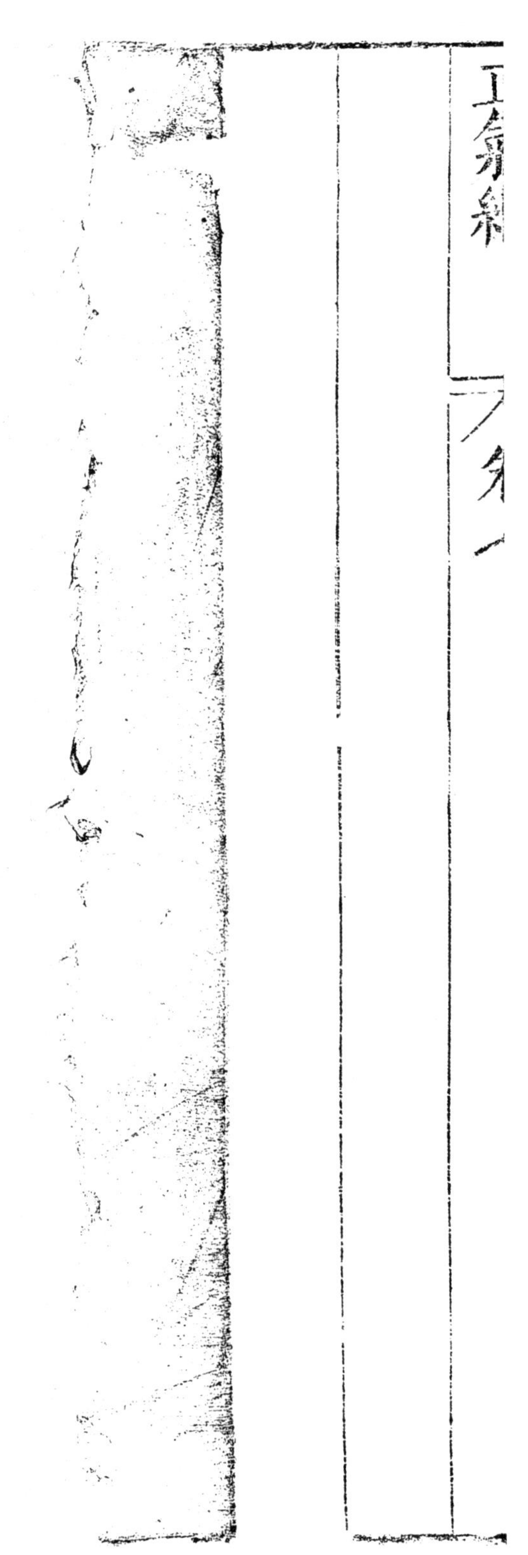

徐垕　豐寅初　何應泰　趙清

兵部右侍郎徐垕，字宗實，浙黄巖人。洪武間應聘赴闕，

高皇嘉其通達治體，授風紀官。垕辭，授銅陵簿，謫淮陰驛丞。郡邑士子多所造就。詔爲駙馬胡觀師。垕設教嚴明，如在鄉塾。觀亦受教惟謹。既冠，成禮畢，每當講授，中使援他府例，設駙馬位於堂中南向，置師席于西階東向。垕憮然歎曰：師嚴道尊，然後民知敬學，豈以我布衣而詘師道哉。輒手引駙馬位下，然後就講。復爲書貽之，責以在三大義及富貴驕人之説。觀泣下遜謝，執弟子禮愈恭，畧綺紈之習

而敦忠孝皆厪力也召見獎諭授蘇州府判厪勸農除害崇尚節義郡民德之有節婦王氏以前朝事失旌厪曰封比干墓非前朝事乎　上謂其知大體從之尋擢兵部職疏請移整風俗罷去不急振舉廢墜裁定賦稅開政教之路塞異端之源進賢退不肖皆切時要北兵起奉使招集兩浙義勇靖難後家屬覆沒京師厪義概侃然杜門終老或云歸二載逮至京卒於旅

教諭豐寅初字復初浙鄞人洪武中爲國子司業抗疏諫燈謫德化教諭建文壬午棄官躬耕恬養百有五歲卒子

慶給事中孫熙弘治己未榜眼

何應泰先世鳳翔人父仕元任四川廉訪使過閬中覩其俗質直解官居焉與編氓雜處見父老行輙卑以自下閭人亦忘其爲故吏課敎子弟毅甚諸子凜凜惟謹泰少時父以手校經史授之即刻厲繹誦操紙爲文詞意邃茂川中諸儒自以爲不及洪武初詔選孝弟博聞之士推入國學爲一時冠九年詔擇上舍生備燕府官屬授泰奉祠泰慨然曰半爵一職足以自獻所患不忠勤耳　王雅重之宣至帷幄屛人咨議泰具以質對退爲忠恕銘以自盟靖

難後藩邸諸臣各膺顯秩泰獨稱疾不起淡約終身陳昌積曰榮寵爵級世之隴斷所決性命以必趣者也幸而蒙右眷位膴貴則坐高輿披賜服操呼吸風濤之勢以恫喝薫赫人使趨已不暇視黼裳王紱爲生賦世襲之具晝忖宵摩以覓持保之術苟可媾購不辭臧獲婦寺而甘心之甚則敍感訴昔皷皷然出無情之涕固要上意有組肘之所不爲而爲之矣嗚呼朝廷之士入而不能出又何惑其然也奉祠公躬被寵有年國邸羣臣鮮出其右顧棄槖囊之富貴而甘遯丘壑舍魚水之君臣而與牧叟爲伍殊異

乎世之羶逐者矣豈聞介子推之風而興起耶抑所托者微不可測度耶楊子雲有言君子德名為幾蜀嚴湛冥不作苟見不治苟得久幽而不改其操雖隨和何以加諸然實蜀之產也古謂蜀多大隱之士以奉祀公觀之詎不然耶公托素人主又非若嚴湛冥之平生於巖谷也棄華而就高尚尤不其難哉

都督僉事趙清鳳陽人驍勇善兵積功官至北平都指揮使陞後軍都督職致仕清去北平時常懷隱憂不敢言燕兵起黃齊諸人薦清督河南兵守彰德燕衆至城下知清

防禦有方不遽攻適採樵清出兵追之輙引去　王遣人招之清對使言王如至京城出片紙召清清不敢不至今爲朝廷守封疆誰敢棄命失職　王感清言而解攻靖難後召清還淸遂乞閒

逸史曰甚矣名利之溺人深也誰克蟬脫塵埃棲心象外所恃秉質醇粹含章內典則不爲勢祿攖情若皇寅應泰師道素立堅持大義固也趙清武弁耳亦靜以制躁不奪所操豈荀卿所云志意修則驕富貴道義重則輕王侯之謂乎

彭與明　劉伯完　陳暉　徐真　馬溥　孫成　王貴　孫[illegible]

大理右寺丞彭與明，江西萬安人，洪武中，縣貢入太學，二十五年，授兵科給事中，陞刑部員外郎，建文初，陞楚按察僉事，尋任是職，勤廉律己，剛毅敢言，敏達能斷。北兵起，擇中朝官知兵有風裁者，出督江北諸將，推與明。靈璧之戰，何福兵敗，與明被執。　燕王遣歸，令傳語中朝士。與明慚憤，裂官裳，變姓名，遁去。越數年來歸，窮餓憔悴，殆不可識，詢其故，泣血不言，明日復遁，莫知所終。

天官劉伯完，不知里氏。國初重天官之學，凡通曆象占步風角者皆得衣食於官有征討必選擇從行伯完精於占候又諳回回律法起稠人歷官欽天監副北兵南下拄歷城侯軍中從何福戰靈壁敗績被獲釋還竟亡去莫知所終

陳暉徐眞馬溥皆建文中名將也溥壽州人父鑑有開國勲官至都督僉事溥襲武德衛指揮陞都督壬午暉爲副總兵眞與溥俱參將從何福軍靈壁食盡將就糧於淮期砲舉突圍出適燕軍傳砲攻城誤信已砲爭道出軍遂亂平安與暉等力戰不得出被執械送北平中道暉眞溥與

指揮孫成、王貴等二十人夜遁，各變姓名逸去。暉始爲洮州衛指揮，累官都督。初戰眞保、滄德，屢勝。靖難後，有薦起暉參贊韓觀軍務，暉匿不出，隱而卒。

孫霖，亦指揮，爲唐禮先鋒。東昌之役，霖營滑口，夜被北軍襲破營，禮就執，霖遁去，不知所終。

逸史曰：兵法右轅左蓐，前茅慮無，中權後勁，以飭備具防敗也。至敗則死之，何辭？靈壁之役，彼脫而逃，此遯以死，尚稱聞乎？暉、眞諸人固不足數已。君子曰：跡雖不赦，情則可憫。躓蹶間關，百折彌勁，其不肯處二天之下也。

矣。與明伯完非若儔伍。知幾識微。或亦進。退存亡。不失

其正者歟。

遜國正氣紀卷七終

遜國正氣紀卷八

逸史曹參芳輯次　同郡後學劉襄祚較閱

後死列傳

主憂臣辱主辱臣死分也夫死既以分而復以後稱何以故或亦逡巡不果躊躇其可以死可以不死乎嗚呼死以可不可計難矣然終不能不死也故國之慟未釋新主之疑方來積疑生畏積畏生嫌而後抽戈飲恨左支右持以視從容鼎俎畢世不二者不大相懸絶乎雖然春秋之義不誅跡而原心君亡與亡君存與存而隱忍濡遲安知非

越外遐思也至勢已蹙迫莫可誰何始鳴劒咿唔甘心引決或吞金飲鴆憤經溝瀆其亦可謂知恥近勇庶幾不遠之復者統名之曰後死可也作後死諸臣傳

盛庸　平安

盛庸不知所自起以偏將從耿李北征屢有戰功李敗庸收軍濟南與鐵鉉死守庸夜出刼戰晝憑城防禦盡毀北兵攻具捷聞封歷城侯充平燕將軍代李景隆總兵進駐德州燕兵掠濟寧庸移營東昌燕頓兵城下庸背城而戰列火器以待燕兵鼓噪而前衝庸左翼不動盡爲火器所傷會平安兵亦合庸麾兵大戰斬燕大將張玉圍　燕王數重燕將朱能率胡騎奮擊東北角軍士趨之西南兵漸薄　燕王始得易服躍馬突出庸軍復大呼噪擒斬萬餘

人燕兵大敗走翼日再戰燕又敗步卒先登庸乘之復擊殺無筭北平震動出師以來未有也當燕兵敗北時　王獨以一騎殿後退駐館陶庸飛檄眞定滄德諸將水陸犄角以邀歸路三年春燕兵復南出庸約吳傑平安共攻北平三月庸進營夾河安軍單家橋燕掠庸陣不能動乃退庸出千騎追之　王率步兵攻左右翼而以精騎萬人直搗中堅庸麾兵力戰斬燕大將譚淵及指揮董眞保等燕復以勁騎掩庸陣後庸軍擁盾層疊自蔽燕軍攻之不能入復以木鎖橫貫鐵攢向前擲之盾牽連不能蔽燕乘隙

急攻虜士棄盾走倉卒發火器反燒自陣軍遂卻莊得楚智張能皆死是日戰酣迫暮各斂兵入營　王以十餘騎逼虜營野宿明日引馬鳴角穿營而去諸將士相顧不敢發一矢以詔無使朕負殺叔父名故也明日復戰燕軍東北虜軍西南自辰合戰至未互勝負將士疲各坐息少頃復起戰忽東北風大起塵埃障天虜軍中昏暗不辨咫尺燕兵乘風縱擊虜衆大亂燕兵追奔至滹沱河虜走德州是役也虜恃東昌之捷謂必破燕將士咸攜金銀錦繡曰破北平張燕犒飲至是盡爲燕所獲四年五月燕兵長驅

至淮上庸南趨盱眙領馬步營淮之南岸與燕兵相對燕將丘福等率數百騎西行以小舟潛濟突庸陣庸倉卒不能軍遂單舸走六月燕兵次浦口庸率舟師駐江上嚴陣以待燕兵欲還適高煦至殊死戰庸軍奔潰都督陳瑄隨以舟師降燕衆得渡江庸猶率海艘出高資港嚴陣以待

王奮力先登大戰庸敗走靖難後以璽書慰庸即命鎮守淮安旋移山東庸每不自安常懷死志未果永樂元年致仕去陳瑛劾庸口出怨言心懷異圖遂削爵下獄卒自殺諸子皆被戮

逸史曰成敗不足論人也而死生足以定品如淮陰武侯並人傑也淮陰捲甲長驅不五年而佐漢定鼎武侯鞠躬盡瘁畢世不克定一三分至今頌武侯之功不在淮陰侯下然庸東昌之捷生氣凜然雖失國喪師身且不保無傷也惜見義未勇至斃囹圄曾不得與耿鐵齊名爲天下後世非笑悲夫其足爲二心者鑒

平安滁州人也一名保兒累官都督僉事李景隆北征安爲叅將二年四月燕衆渡白溝河安伏精兵邀擊　王曰平安豎子往從吾出塞知吾用兵是以敢前及戰互有勝

負因何清敗沒乃還營翼日再戰安持矛同瞿能父子奮擊殺傷甚衆黎明能與燕將房寬交戰安帥大軍爲兩翼王見房陣披靡安銳甚燕將張玉朱能陣俱動急呼曰敵繞出吾後矣以七騎馳赴之所乘馬三被創而三易幾爲瞿能所獲 王急走隄上佯麾鞭若招後繼者景隆疑有伏不敢上安斬燕將陳亨於陣薄暮復戰風折大將旗能父子俱沒安亦敗奔北聲如雷俞通淵滕聚皆死景隆軍大潰七月安率衆次單家橋高煦禦之安疑不進十二月與盛庸合兵敗燕於東昌三年三月復大戰於單家橋擒

燕將薛祿脫走閏三月戰於藁城敗績九月燕攻定州安率軍士直搗北平　王命劉江還援江及城連放砲不絕以疑安軍遂大戰於城西安敗績十二月安率兵圍通州大戰於九門四年三月燕長驅過渦河安將萬騎躡其後燕設伏於淝河待之令王眞迎安軍安憤勇大戰斬眞四月安與何福進營於小河斬燕將陳文安搩矛刺　王垂及而安馬忽蹶燕將張武自林中躍出得脫去越數日安帥馬步護糧於靈壁燕兵來刼衝擊安陣分爲二何福出援與安合殺傷甚衆北兵引卻高煦率衆突至福敗入城

明日北兵破靈璧、安進戰、大敗、墮馬、被執、送北平、靖難後、以爲北平行都督、上問曰、向日非馬蹶、當如何、安曰、刺陛下如拉朽耳、上笑曰、高皇帝養下好漢、後有自北平入京者、上問曰、平保兒無恙乎、安慚懼、飲鴆而死、

逸史曰、昔高皇問將士曰、天下誰是奇男子、衆以遇春對、帝曰、不然、吾得而臣之、吾竟無以臣王保保、眞男子也、夫高皇重不臣之人甚矣、平安一語致文皇汲稱之、豈非其遺意乎、惜委質爲臣、不克終躍馬遝

戈之快。徒以餓鬼卒烈士行。晚矣。故安之不終重於文祖。亦終無以自重於天下。自敗也。悲夫。

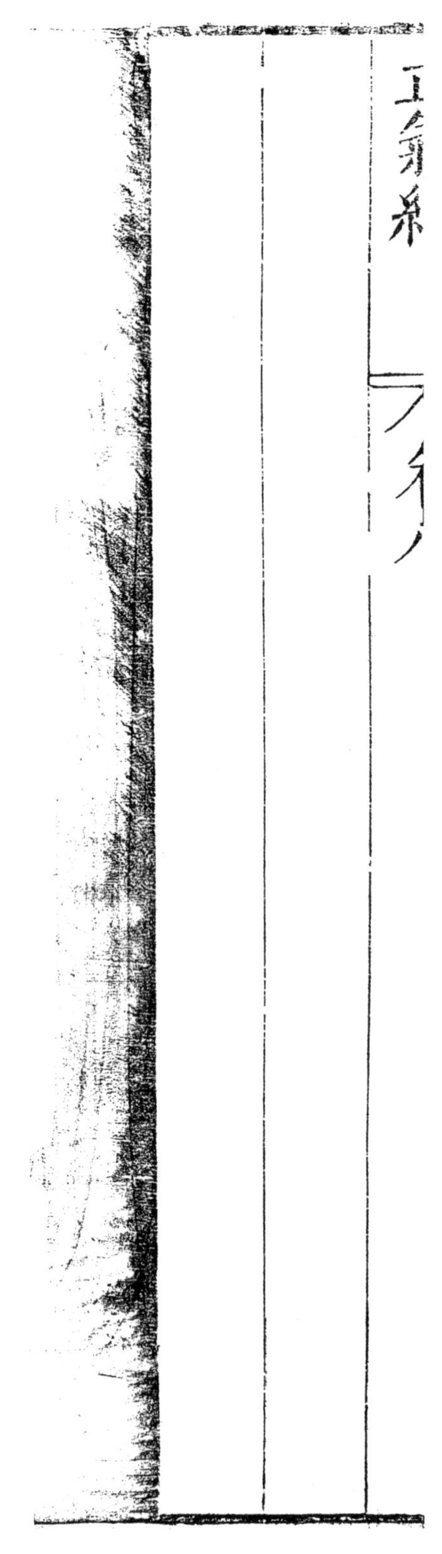

嚴震直

工部尚書嚴震直字子敏浙之烏程人器宏識邁魁岸卓異洪武四年東南郡縣歲入田賦齊入戶輸舉以萬石爲額擇糧長主之限以時月轉輸至京民往往罹罪郡縣官亦坐是廢乃議舉篤實長者專掌其事共推震直精勵持已和易集事繇是督理十餘年無芥疵可指

太祖聞其名召見授職叅議尋留內用署通政司事奏對詳明中外無稽留之累二十四年陞工部右侍郎賜宅於京又復其家奉 旨造栁葉甲鎖子頭盔六千副以給守禦

皇城兵、備極精堅、轉晉本部尚書、時營建方殷、乃稽古驗今、綜理縝密。而嘗有不備之慮。調民夫六十餘萬、開鑿臙脂山河道。移置五軍都督府六部、繼而有　旨盡集天下工技世藝之家、役於京師、一時至者凡三十二萬二千八十九戶、震直奏請戶役一人。使勞逸適均。又烙諸司役作繁簡、更定班次、率二三年輪班、各書籍貫名氏、持片楮赴京、往來便之。　太祖喜其幹理誠慤。呼爲嚴老、實而不名。二十六年、鄉民訴其甥姪不法、　上即付震直訊報、及具獄、　上以爲不欺、赦其甥姪。已坐事降監察御史。二十

八年、廣西龍州趙宗壽潛蓄異謀、私通安南、 上欲興師
問罪、遣使往諭安南、以觀其嚮、左右皆憚行、震直挺然承
命至其國、宣布恩信、開示利害、一國輸誠、所贈金帛名香
悉却不受、時有御史誣論、 上立黜之、仍賜震直田宅、世
復其家、兩廣鹽運爲官民病、奏減其半、且得通行江西諸
郡、二十九年、復奉命廣西、立法接運、以通行鹽、至今便之、
其河渠之不利舟行者、併屬焉、桂林興安靈渠屯久圮、比
至、審地勢、鳩工用計、浚源疏流、因其故道、延袤五十餘里、
導南北二江、南江曰灕、自蒼梧入海、北江曰湘、繇洞庭轉

長江達京師築堤岸治陡閘凡以陡名者三十有六脩石渠以便行人通石函以利灌溉傍通靈川千秋峽鏟象鼻石峯焚鑿江灘礙舟之石自是往來無虞萬世永賴

太祖聞之喜曰廣西堤塘歷朝未成今老嚴成此巨功朕喜得人矣三十年夏來京陞都察院右都御史嘗謂天下之蹈法者猝不可止而獄庭乃民之死地也風紀之原刑法之重尤宜盡心以故生平治獄獲昭雪者甚多時兩淮民買食鹽先輸米於官而鹽久不及民米過期不納追額積至屢年御史分理鹽課唯問來期責官吏贖之罪逮數百

人至京、震直奏其故、皆釋之。因 太祖屢加委任、而忠言讜論、日進不已。八月復拜工部尚書、冬十一月、重建成均學宮、躬覽工緒、改造大成殿及門廡、悉遵古制、閱三月落成。 讓皇即位、任原職、益加敬謹、 上心重之。北兵起、震直督餉齊魯間、效力居多、會兵敗、被縛、置布囊兩馬夾舁至北平、 文皇知其老成人、全之。及即位、復原職、繼而奉使安南、回至滇、偶值 讓皇驚訝、久之泣數行下。讓皇曰、何以處我。對曰、 上從便、臣自有處。是夜吞金而死。或曰、縊於驛亭。回奏病故、採遺記曰、巷遇故主、旋吞金屑盡志而斃，豈非完節？惜見未早，苟延歲月，卒以忠貞足贖前失。

逸史曰：語云「慷慨殺身，從容就義，死分難易」，信哉！人臣不幸當國家橫決，一時慷慨赴義，猶意氣所激，至事久論定，故主之誼已矣，新君媚焉，非媚新君也，慕位趨勢之念，藉事權而鼓舞效忠。使遇故主，途人也；使新君如故主，亦途人也。古今豈乏長樂老哉？震直不以始終易操，邂逅之間，凜如天威咫尺，讀相對一語，至今猶餘慟焉。嗚呼，難矣！

吳亮

內官吳亮、不詳何里人、嘗侍　讓皇左右。頗忠義。及壬午之變、　帝出亡、亮未與聞、素有所思、隱而不敢發。正統四年、　帝自知老矣。決欲東歸。題詩寓意。適有僧冐認逮衆至京。　帝亦與其間焉。法司鞫。　帝以實告。一時文武愕然。間有指其惑衆誣世者。　朝廷不忍。以亮曾侍起居。使往訝視。　帝見亮。卽曰。爾非吳亮耶。亮詭非是。　帝具言當時事。亮伏地涕泗。莫敢仰視。復命畢。拊膺哀號。自縊而死。表忠紀贊曰、帝也來京。亮也伏哭。出之入之。窮反而

復壬午庚申中庚六六奉之大內嗣以正没亮以故主一死祿祿彼何人哉亦罔臣僕

逸史曰遜國之宦忠有五亮其最焉亮雖死不同時然三十九年之後天時人事幾爲變更矣耿耿一念獨不可稍轉移乎乃執義不回久而彌篤雖古壯夫烈士何以加諸嗚呼地之美者善養禾君之仁者善養士讓皇帝仁風所被於亮益徵焉猗歟貞哉

遜國正氣紀卷八　終

遜國正氣紀跋

代與如錯行其清明之氣流行天地間而不絕者其權在人人之神即天地之神也唐虞三代謨訓所載同以德化其既也上下馳騁兵爭以魚爛其地其道歸春秋宋之世存於理學猶唐事之見於詩漢政之著於兩史也至今言史者曰漢言詩曰唐言學必曰宋何哉蓋人心所向神即以凝世道之汚隆不得而涸也我

高皇帝載造中邦因革百代天下犂然知古可法於是法三代以德法春秋以權法漢唐宋以詩書學問而未有過之

者過之功在節義故靖難時雖親以藩派聖如

文皇而不自遜服其名十族名奸黨名瓜蔓類不可勝舉所以然者皆

高皇帝生之

讓皇帝養之

文皇帝成之故浩氣英風勇貫今古以成一代之盛也夫一代之盛而微之是不知有　明矣

明並日月著千古繇節義之不可掩然則大節義所以大吾。

明也家君子之見或者如此故綴不憚瑣語不遺細凡郡邑記諜與故老流傳及函塚刻石之文皆親購之如一事而散見數書必加撮合或數書而不同一事必重討論求其當理以明一代之盛雖然未易盡也當其時北平棄職者二百九十一人懷來抗死者百餘人縋城者四十幾人編籍去位者四百六十二人從亡者二十餘人其執節死者又數百人今傳留不能過半夫往來四年間人才如此其衆而鈇略如此其多脫將二百數十餘年事而並書之欲其無失不亦難哉弁州曰我

高皇功德侔漢祖萬萬文獻即小有未稱亦不下武宣叔季昔孟堅之所草創私史耳縣官不忍寘於理而更褒借之給筆札蘭臺進而爲公史今之世剝喪雖極而金櫃石室之副寧無一二流人間者有能論次其文以繼前代或者人心所向天地之神亦凝焉以昔人桴而後人鼓之其節義之氣百年響應以終漢之文唐之詩宋之學春秋之權以大吾

明也亦奚不可

不肖男晟百拜謹跋

金陵全書

乙編·史料類

翦勝野聞

（明）徐禎卿 撰

南京出版傳媒集團
南京出版社

提要

《翦勝野聞》一卷，明徐禎卿撰。

徐禎卿（一四七九—一五一一），明代文學家。字昌谷，又字昌國。南直隸常熟縣梅李鎮人，後遷居吴縣（今江蘇蘇州）。弘治十八年（一五〇五）進士，因貌醜，不得入翰林，改授大理寺左寺副。又因走失囚犯，被貶爲國子監博士。後病死於北京。徐禎卿少負盛名。《明史》卷二百八十六《文苑傳·徐禎卿》云：『禎卿少與祝允明、唐寅、文徵明齊名，號「吴中四才子」。』他在文學上造詣頗深，與李夢陽、何景明、康海、王九思、邊貢和王廷相等人形成弘治、正德年間的文學流派，世稱『前七子』。《明史》卷二百八十六《文苑傳·徐禎卿》稱：『禎卿體癯神清，詩熔煉精警，爲吴中詩人之冠，年雖不永，名滿士林。』作品有《迪功集》《迪功外集》《談藝録》《翦勝野聞》等。

《翦勝野聞》爲明代筆記小説，共有四十六則，記載的明朝初年掌故軼聞大多與明太祖朱元璋有關。如，開篇記載朱元璋撰寫的《朱氏世德碑》，叙述朱氏家族出自『金陵之句容，地名朱巷，在通德鄉』。又如，在元末群雄紛争之際，劉伯溫『仰瞻天象而言「天子氣在吴頭楚尾」……主君（筆者按：指朱元璋）當爲天子』。關於徐達死因，《明史》記載死於背疽，《翦勝野聞》則有徐達『病疽疾篤……帝忽賜膳』之説。對於僧人的態度，曾經爲僧的朱元璋十分强硬，他在洪武二十五年（一三九二）下令天下僧人還俗，引起三千僧人到南京上訪。朱元璋命令錦衣衛將這些僧人全部誅殺，因永隆和尚自請焚身獻瑞，三千僧人方得免於一死。關於明朝文字獄，《翦勝野聞》中記載：杭州儒學教授徐一夔作賀表，獻給朱元璋，表中有『光天之下』『天生聖人，爲世作則』之語。朱元璋認爲『「生」者僧也，以我從釋氏也；「光」則摩頂之謂矣，「則」字近「賊」』。懷疑徐一夔是蓄意侮辱自己，將其殺害。從《翦勝野聞》中，可以感受到朱元璋嗜殺（殺大臣、殺政敵、殺平民、殺文人、殺和尚等）、易怒（對太子、對大臣等）、多疑（興文字獄）。

對於《翦勝野聞》的史料價值，《四庫全書總目提要》評價道：『所記皆明太祖初年之事，亦多互見他書。……書中所紀，亦往往不經。如謂徐達追元順帝將及之，而遽班師。常遇春愬於帝，達人自疑，拔劍斬闇而出。真齊東野人之語，禎卿似未必至是也。』徐禎卿仕途坎坷，生活的年代去明太祖時代已有百年，所以《翦勝野聞》記載的掌故軼聞迹近道聽途説，且多貶低明太祖的内容，因此可信度不高，但仍可彌補正史的不足。《翦勝野聞》記載的内容，清朝趙翼《廿二史劄記》、當代吴晗《朱元璋傳》等多有采用。

《翦勝野聞》有明李栻輯刊《歷代小史》本，明沈節甫編輯《紀録匯編》本，明鄧士龍編輯《國朝典故》本，明陶珽輯、清順治年間《續説郛》刻本，清朝乾隆年間《四庫全書》本，民國三年（一九一四）《顧氏四十家小説》本，民國二十四年至二十六年（一九三五—一九三七）中華書局出版的《叢書集成初編》本（收録明李栻輯刊《歷代小史》本、鄧士龍編輯《國朝典故》本），民國二十七年（一九三八）上海商務印書館涵芬樓影印本（以明沈節甫編輯《紀録匯編》本爲底本）等。本書以南京圖書館藏明刻《歷代小史》本爲底本原大影印。

盧海鳴

右徐禎卿翦勝野聞祝允明野記各一卷按歷代小史明吳城李栻所編凡一百五種此僅九牛一毛耳特全本所編各種諸家叢書多半擇刊是獨稀見姑存備插架之一云 同治七年二月十九日雨雲齋八千卷樓主人記

歷代小史卷之七十八

翦勝野聞

吳郡徐禎卿撰

太祖嘗自敘朱氏世德之碑其文曰朱氏出自金陵之句容地名朱巷在通德鄉上世以來服勤農桑五世祖仲八公娶陳氏生男三人長六二公次十二公其季百六公是爲高祖考娶胡氏生二子長四五公次即曾祖考四九公娶侯氏生子曰初一公初二公初五公初十公凡四人初一公配王氏是爲祖考妣有子二人長五一公次即先考諱世珍元初籍淘金戶金非土產市於他方先祖初一公困於役遂棄田廬攜二子遷泗州盱眙縣先伯考五一公十有二歲先考纔八歲先祖營家泗州置田治產及卒家日

消由是五一公遷濠州鍾離縣其後因至鍾離居先伯考性淳良務本積德與人無疾言忤意鄉里稱善人先伯娶劉氏生子四人重一公重二公重三公生盱眙重五公生鍾離先考君娶徐氏泗州人長重四公生盱眙次重六公重七公生五河某其季也生遷鍾離後戊辰年先伯考有孫六人兵興以來相繼寖沒先兄重四公有子曰文正今爲大都督重六重七俱絕嗣曩者父母因某自幼多疾捨入皇覺寺中甲申父母長兄俱喪次兄守業又次兄出贅劉氏某托跡緇流至正二十四年天下大亂諸兄皆亡淮兵大起掠入行伍乃招集義旅兵力漸衆因取滁和龍鳳二年帥師渡江駐兵太平爲念先考君常言世爲朱巷人宗族俱有平日每有鄉土之念即訪朱故鄉宗族之所遂調兵取句容明年克金陵而

朱巷距城四十里舉族父兄昆弟四十餘人至始得與之叙長幼之禮行親睦之道但朱氏世次自仲八公之上不可復攷今自仲八公高曾而下皆起家江左歷世墓在朱巷惟先祖葬泗州先考葬鍾離此我朱氏之源流也爰自金陵太平駐節開府爲基本之地寔鄉郡焉屢歲征伐拓境吳楚暨越方數千里由是景膺顯爵乃龍鳳九年三月十四日内降制書曾祖考爲資德大夫江南等處行中書省右丞上護軍司空吳國公曾祖妣吳氏吳國夫人先祖考稱　大夫江南等處行中書省平章政事上柱國司徒吳曰公祖妣王氏吳國夫人先考府君開府儀同三司録軍國重事平西右丞相吳國公先妣陳氏吳國夫人以閏月十三日祗謁先壠焚黄告祭遵舊典也重念報本禮行宜厚今勉建事功匪由己能

實荷先世靈長之澤垂衍後昆宜得報恩三代並爲上公以遂爲子孫者之至願書曰作善降之百祥易曰積善之家必有餘慶先祖父積功累善天之報施茂於厥後凡我子孫皆當體祖宗之心蹈德存仁以永其緒於無窮是吾之所望也於是備書于後以傳信將來有所考焉

淳皇帝及后疾疫死仲四公繼之貧薄不能具棺　太祖與仲謀草葬山谷行未抵所而綆絕仲反計一　太祖視屍忽風雨雷電　太祖避樹下聞空中神語曰孰襲取我土髣髴有應者具淳皇帝諱神曰爲若人則已已而暴風揚沙折木天轉晦比明往視之土裂屍已陷田伯劉大秀遂歸其地而棄責今鳳陽皇陵即其地也

太祖在滁嘗濯手於栢子潭有五魮擾而就之因祝之曰如天命

任予汝其求附焉一日戰畢羣坐藉土地忽蜿蜒其側　帝乃替以兜鍪頃復報戰亟戴兜鍪而往是日手刃甚衆軍法戰勝必祭甲冑衆推　帝與功多乃置其兜鍪于前甫奠忽霹靂大震白龍夭矯自兜鍪出挾雷聲握火光驤空而去諸將自是畏服

劉基昔嘗携客泛於西湖抵暮仰天而言曰天子氣在吳頭楚尾後十年當興我其輔之及過蘇閶門見張士誠曰貴不及封侯何能久也夜登虎丘山曰天子氣尚在吳頭楚尾聞郭子興據濠上就見之遇　太祖曰吾主翁也深自結納曰後十年君當爲天子我當輔之乃拂衣而去

太祖之初振也將屬皆草莽粗士人人欲更試大位徐相國陰奇帝乃謂將曰天子豈可更立耶遂止

常遇春初附劉聚時常晝寢夢一羽士語之曰起起此非爾所託也爾主至矣旣寤適　太祖至於是遂傾心焉

王師與僞漢戰於湖中時乘白舟漢主以赤龍船厭之及戰王師大捷　帝因制令以赤船載囚白船給官胥之用

僞周主士誠面縛見　帝俛首瞋目踞坐甚不恭　帝叱之曰盍視我對曰天日照爾不照我視何爲哉　帝以弓絃縊殺之及見周伯琦遥伏於後問爲誰對曰前元江浙行省參政臣周伯琦　帝曰元君寄汝以心膂之責乃資賊以亂耶伯琦惶恐不能荅先賜二日大醉以酬其功後殺之司徒吕伯昇先以國情輸我師　帝以爲佞臣命斬以示士誠

帝念劉大秀之惠封爲義惠侯又感汪媪之意勑授世官從事即署

令衛皇陵　帝微時汪媼嘗爲禮遣歸於皇覺寺中者

徐太傅追元順帝將及之忽傳令班師常遇春不知所出大怒馳歸告　上曰達反矣追兵及順帝而已之其謀不可測也太傅度遇春歸必有變乃留兵鎮北平而自引軍歸駐舟江浦伏劒入謁帝時方盛怒宿戒閽吏曰達入慎毋縱之達旣入未見　帝自疑有變乃拔劒斬閽吏奪關而出　帝因使人釋其罪令內謁達不可於是　帝不得已枉視於舟中達因進曰達有異圖不啓今日雖曰晚矣然吾臨江鬭旅亦能撫有江淮顧弗爲耳且吾之不擒元帝亦籌之熟矣彼雖微也嘗南御中國我執之以歸汝曷治焉天命在爾已知之矣顧達何人敢以自外　帝重感悟結誓而去

太祖於後湖中築一臺以藏天下兵冊避火炎也築屢潰乃命曩所

誅髑髏爲甚其臺即就

太祖勤於庶政每臨食七節屢廢思得一事即以片紙書之綴於裳衣或得數事則累累然滿身若懸鶉焉臨朝則一一行之

太祖既營大内而以舊禁賜中山王王謝不敢繼而觴之大醉使人扶寢禁内密伺其意已而達醒驚拜殿下 帝聞之而喜

洪武十年宋學士濂乞老歸 帝親餞之勑其孫慎輔行濂頓首辭且要曰臣性命未畢蓬土請歲覲陛階既歸每就 帝慶節稱賀如約 帝惟舊戀戀多深情十三年失朝 帝召其子中書舍人璲孫殿延禮儀司序班慎問之對曰不幸有旦夕之憂惟 陛下哀矜裁其罪 帝惟侯人瞰之無恙大怒下璲慎獄詔御史就誅濂沒其家先是濂嘗授太子及諸王經太子於是泣且諫曰臣愚

覷[illegible]他師幸　陛下哀矜裁其死　帝怒曰朕汝爲天子而宥孝
太子惶懼不知所出遂赴溺左右救得免　帝且喜且罵曰痴兒
子我殺人何與汝也因徧録救溺者凡衣履入水擢三級解衣爲
者皆斬之曰太子溺朕汝解衣而救之乎乃赦濂死而更令入謁
然怒卒未解也會與太后食后具齋素　帝問之故對曰妾聞宋
先生坐罪溥爲作福佑之　帝艴然投節而起濂至　帝令毋相
見謫居茂州而竟殺璲慎

太祖視朝舉帶當胸則是日誅夷蓋寡若按而下之則傾朝無人色
矣中涓以此察其喜怒云

太祖御膳必馬后親調以進深以防閒隱微一日進羹微寒　上怒
舉杯擲之羹汚狼藉后耳畔微有傷后熱羹重進顏色自若

洪武二十五年下度僧之令沙彌至者三千餘人中有旨請者 帝怒悉命錦衣衛戮之吳僧永隆請焚身以救免 帝允之勅中官以武士衛其龕至雨華臺出龕望闕拜辭入龕書偈一首又取香一辦書風調雨順四字語中侍曰煩語 陛下遇旱以此香祈雨必驗乃秉炬自焚骸骨不倒異香逼人群鶴舞於龕頂 上乃宥三千人誅時大旱 上命以所遺香至天禧寺禱雨至夜雨大降 上嘉曰此真永隆雨 太祖製落魄僧詩以美之永隆乃蘇州尹山寺僧也

太祖嘗爲漢兵所逐馬后負之而逃太子私繪爲之圖及后崩 帝慘不樂愈肆誅虐太子諫曰 陛下誅夷過濫恐傷和氣 帝默然明日以棘杖遺于地命太子持太子難之 帝曰汝弗能執歟

與我潤琢以遺汝豈不美哉今所誅者皆天下之險人也除以燕汝福莫大焉太子頓首曰上有堯舜之君下有堯舜之民 帝怒即移所坐榻射之太子走 帝追之太子探懷中繪圖遺于地帝發視之大慟而止

太祖嘗遊一廢寺戈戟外衛而內無一僧壁間畫一布袋僧墨痕猶新 題偈曰大千世界浩茫茫收拾都將一袋藏畢竟有收還有散放寬些子又何妨蓋 帝爲政尚嚴猛故以此諷之亟命索其人不得

余嘗於民家敝集中得僞漢上梁文聊識於此其詞曰伏以乾坤造漢宮獻符璽圖書之瑞日月光天德立國家柱石之基于以濟世安民于以建邦啓土地靈有待天眷無私欽惟皇帝陛下齊聖廣

淵聰明睿知富有四海作之君作之師天錫九疇得其位得其祿視民猶己立賢無方北伐東征專不邇聲色之美文韜武略厲宵衣旰食之勤儼九重龍鳳之姿擁百萬貔貅之衆惟皇作極應天順民萬福攸同一人有慶營成周之洛邑如豐沛之寓都展三輔之皇圖覽九江之秀色瀑布瀉銀河於峭壁小孤屹砥柱於中流左彭蠡右洞庭滔滔天塹前朱雀後玄武煒煒京華士人掄材拜人獻巧電布星羅之合度暈飛跂翼之奏功黄道紫宸峙中天之華闕金釘朱戶啓南向之明堂虹舉雙梁雷陳六偙東扶桑擁出一輪紅光被海隅開壽域衮衣端拱帝王宮南嶺嶠徠歸奏表函方土奇珍皆入貢華生彤管照晴嵐西使臣喻蜀馬如飛五十四州霑甘露民安物阜悉依歸北萬里幽燕苦霜雪江南

儷麗樂昇平比屋熙熙蒙聖德。上天命唯新增氣象中天帝歷十分明歷歷泰階光萬丈。下邊境鋒消收戰馬六軍務在盡歸農牽土豐登樂閒暇。伏願閶闔開宮殿巍巍玉几之端嚴。山河壯帝居冀翼金城之鞏固。永保安寧之日。信符海晏之時。衣冠講唐虞股肱皆社稷。廬山高幾千仞。綱紀四方。天子壽億萬年。本支百世。

元君既遁復留兵開平猶有覬覦之志　太祖遣使馳書明示禍福因答詩曰金陵使者渡江來。漠漠風烟一道開。王氣有時還自息。皇恩何處不昭回。信知海內皆王土。亦喜江南有俊才。歸去誠心煩爲說。春風先到鳳凰臺。

太祖喜微行每至徐太傅家一日太傅病方　帝來太傅自枕蓐下

出一甒以示　帝曰戒之他人得以傷爾也自後諸功臣家不復至矣

太祖嘗微行京城中聞一老媼密呼上為老頭兒大怒至太傅家遽室而行沉吟不已時太傅在外夫人震駭恐有他虞惶恐再拜曰得非妾夫負罪耶　帝曰嫂非也勿以為念亟傳令召五城兵馬司摠諸軍至曰張士誠小竊江東吳民至今呼為張王我為天子此邦呼為老頭兒何也卽命籍沒民家甚衆

太祖幸內庭見遺系綺此此微在地召諸嬪計其蚕繅織紝之費而讓之令不悛者斬

太祖嘗微行里市間遇國子監生某者入酒坊　帝揖而問之曰先生亦過酒家飲乎對曰旅次草草聊寄食耳　帝因與之入時坐

客滿斧唯供土地神几尚餘 上移之在地曰神姑讓我坐乃與生對席問其鄉里曰某四川重慶人也 帝因屬詞曰千里爲重重水重山重慶府生應聲曰一人成大大邦大國大明君 帝又舉案几小木命生賦詩因喻己意辭曰寸木元從斧削成每於低處立功名他時若得臺端用要向人間治不平 帝私喜因探錢償酒家而去生不知爲 帝也明日忽移召生入謁生茫然自失既至 上笑曰秀才憶昨與天子對席乎生惶恐謝罪又曰爾欲登臺端乎遂命爲按察使秣陵人家至今供土地神在也

僧宗泐性頗慧 太祖愛之忽令其養髮髮成欲官之泐固辭乃止 上嘗戲命往西土求經典泐不敢辭行至外土道逢一老僧泐遥拜之曰西域去此幾何老僧曰爾頭白行不到也泐曰明天子命

往覓經唯老師指教老僧曰毋行秖目勞耳爲我致書　明天子愼毋發也泐受之歸見　帝具道所以　帝發書視之乃　帝即位時作水陸齋以答神貺手書表文也紙墨如故　帝允之乃止

周主士誠據有江東時姑蘇童謡曰張王做事業只憑黄菜葉一朝西風起乾鱉後國事旣去　太祖取其臣黄蔡葉三人者刳其腸而懸之至於枯死蓋三臣皆元戚機臣殘膏　後　帝特惡焉

常開平遇春驍勇絶世狀類獼猴指臂多修毫所過縱士伍擄掠故其兵特銳有戰輒舉

太祖微時甚愛於郭子興郭氏五男惡焉乃以事幽之空室中絶食粱焉后竊以餅飼給之一日炙餅釜中將修供爲郭氏親信所窺遂納懷中肉有腐痕

代王之母郅人也先是　太祖嘗戰敗而奔投王母家王母曰爾某耶人言爾爲天子也因留之宿及旦辭去王母曰吾後有娠何如　帝乃貽弊梳爲質王母亦以匣中裝贈行自是果娠遂謝客及　太祖卽位子且長矣因携子及質謁　上上令工部草設木宇居之不令入宮及代府成遂分封焉故王卒得終養其母喻於常制

太祖以太子性仁柔不振一日竊令人載尸骨滿轝過其前激之太子不勝慘蹙撫掌曰善哉善哉

太祖嘗於上元夜微行京師時俗好爲隱語相猜以爲戲乃畫一婦人赤脚懷西瓜衆譁然　帝就觀因喻之曰是謂淮西婦人好大脚也甚銜之明日召軍士大戮居民空其室蓋馬后淮西人故云

洪武十三年五月四日雷震謹身殿　上親見霹靂火光自空中下乃再拜曰陛下赦臣臣赦天下蓋　帝時刑戮過厲故云或云雷火遶宮追帝

貴妃某氏薨　太祖詔太子服齊衰杖期太子曰禮唯士爲庶母服緦大夫以上爲庶母則無服又公子爲其母練冠麻衣縓緣既葬除之蓋諸侯絶期喪諸侯之庶子雖爲其母亦厭於父不得伸其私然則諸侯之庶子不爲庶母服而况於天子之嗣乎　上大怒以劍擊之太子走且曰大杖則走翰林正宇桂彥良諫太子曰禮可幾君父之命不可違也嫌隙由是生矣太子感悟遂齊衰見帝謝罪　帝怒遂釋

馬后既薨臨葬期風雨雷電　帝甚不樂忽召僧宗泐至曰太后將就葬爾其宣偈焉泐卽應聲曰雨落天垂淚雷鳴地舉哀西方諸

佛子司送馬如來　帝甚悅頃忽朗霽遂啓師詔賜泗白金百兩

徐魏公病疽篤　帝數視之大集醫徒治療且久病少瘥　帝忽賜膳魏公對賜者流涕而食之密令醫人逃去未幾告薨亟報　帝帝蓬跣担紙錢道哭至大傅第命收斬醫徒夫人大哭出拜　帝帝慰之曰嫂勿爲後慮有朕存焉因爲周其喪事而去

太祖在軍中甚喜閱經史遂能操筆成文章嘗謂侍臣曰我本野人未嘗從師指授然讀書成文釋然自順豈非天乎

太祖多疑每慮人侮己杭州儒學教授徐一夔嘗作賀表上其詞有云光天之下又云天生聖人爲世作則　帝覽之大怒曰腐儒乃如是侮我耶生者僧也以我嘗從釋也光則摩髮之謂矣則字近賊罪坐不敬命收斬之禮臣大懼因請曰愚蒙不知忌諱乞降表

式　帝医自爲文傳布天下

太祖嘗下詔蠲江南諸郡稅秋復稅之右正言周衡進曰　陛下詔蠲租稅天下幸甚今復稅之是示天下以不信也　上曰然未幾衡告歸省假衡無錫人去京畿近　上刻六日復朝衡七日失期上怒曰朕不信於天下爾不信於天子遂命棄市

獄有疑囚　太祖欲殺之太子爭不可御史袁凱侍　上顧謂凱曰朕與太子之論何如凱頓首進曰　陛下欲殺之法之正也太子欲宥之心之慈也　上以爲持兩端下獄三日不食出遂佯病顛啖汚穢　上曰吾聞顛者不膚撓乃木錐凱凱笑　上放歸自縲木欄于床下久之　上使人召之凱慢坐對使者歌傚者廡其縲煜煜還奏狀　上不爲疑已而　上晏駕凱始出優游以終

翰林應奉唐肅初以失朝坐免官歸 太祖重其才再召入嘗命侍膳食訖供筯致恭 帝問曰此何禮也對曰臣少習俗禮 帝怒曰俗禮可施之天子乎坐不敬謫戍濠州

太祖之封十王也親草冊文適李韓公北征虜之淳在軍中嘗爲草露布 上讀其文嘉之問草者爲誰韓公以之淳對 帝令飛騎召之使者不諭旨械之淳之淳以父肅得罪悚慄不自保至京師過其姑門告使者止索其姑出泣曰善爲我歛尸姑乃大慟之淳行次東華門門已閉守者曰有旨令以布裹從屋上遞入纍纍遞易數次至便殿膏燈煌燿 帝坐閱書之淳俯首庭下 帝問曰爾草露布耶對曰臣昧死草之良久中侍以短几置之淳前列燭 帝令膝坐以封王冊文一篇授之曰少爲弘潤之之淳叩頭曰臣

萬死不敢當 帝曰卽不敢姑旁注之之淳如命 帝令中侍續
續報定畢上之遥望燭影下 帝微微喜次第下凡十篇悉定之
每奏輒嘉悅奏畢時夜未央 帝令明日朝謁復如故出至姑家
猶守門見之淳相慶幸具酒食沐具及旦廷謁 帝問曰爾世宦
否對曰臣父翰林應承唐肅卽日命嗣父官

洪武十一年元幼主崩六月詔部省國學文吏擬祭幼主文獻之先
是星變詔求直言蘇民錢甦具封事謁丞相不拜旁或趣之甦曰
豈有未拜天子而先拜宰相乎丞相紿之曰然 天子覽其奏詔
甦於中書省試事丞 相校簿後湖至是甦聞詔乃為文獻詞當
上意卽召見曰錢甦乃者何在對曰臣校簿後湖 上悟曰宰相
憾爾耶卽欲官之甦謝病歸 上許之曰為我道諸郡縣入南宮

上口諭曰　皇帝勑爾善闢田里養老恤孤無忘軍旅簡在帝心欽哉勿替甡再拜出出句容句容令禮之而不違如丹陽丹陽令待之甚恭黙上其事　帝嘉其慎密報之曰朕命也命禮而將之因怒句容之不達召而罪之由是郡縣望風尊禮之遝至家而止

陶學士安既沒其子尋以事見戮家人四十餘人悉坐罪從軍喪亡之餘軍徹收完伍而家無餘丁安妻莫可控乃衰裳赴京師擊鼓求見　帝帝異其容儀問曰今媪爲誰安妻頓首曰妾陶安之妻　帝泫然曰是陶先生之嫂乎言及陶先生使人心懷惨然又曰嫂有子乎對曰妾不肖子二人咸伏辜死家人四十餘悉補軍伍今以鉠丁州司督妾就道犬馬餘年無足顧惜惟　陛下念先學士安一日之勞使得保首領入溝壑　帝唯之立召兵部臣諭

之曰用渡江之初陶先生首與先後豢涉諸難功在鼎彝形神入土子姓殘落甚可憫念今卽赦四十餘軍還養老嫂其母緩於是賓妻辭謝而出

太祖召畫工周玄素令畫天下江山圖於殿壁對曰臣未嘗遍跡九州不敢奉詔惟 陛下草建規模臣然後潤之 帝卽操筆倏成大勢令玄素加潤玄素進曰 陛下山河已定豈可動摇帝笑而唯之

余嘗見倭國求通表文曰臣聞三王立位五帝禪權豈謂中華之有主焉知夷狄之無君乾坤浩蕩非一主之獨權宇宙洪荒乃萬民之糾首故天下者天下之天下也非一人之天下也臣居遠弱[illegible]倭小國城池不滿六十座封疆不足二千里故常存知足之[illegible]

知足常足也臣聞　陛下作中華之主為萬乘之君至尊至上也城池數千餘座封疆數萬餘里尚然不足常起滅絕之意天發殺機神鬼號哭地發殺機龍蛇走陸人發殺機天地反覆堯湯有德四海來賓周武施仁八方拱手今聞大國有興戰之策小邦有却兵之法臣豈肯　執途拱奉天顏順之未必其生逆之未必其死今聞　陛下選股肱之師起竭國之兵來侵臣境賀蘭山前聊以博戲倘若君勝臣輸則滿上國之策設若臣勝君輸番作小邦之利自古及今講和為上罷戰為强免生靈之疾苦救黎庶之艱辛年年進貢於中華歲歲稱臣於弱國今遣使臣徑詣丹墀

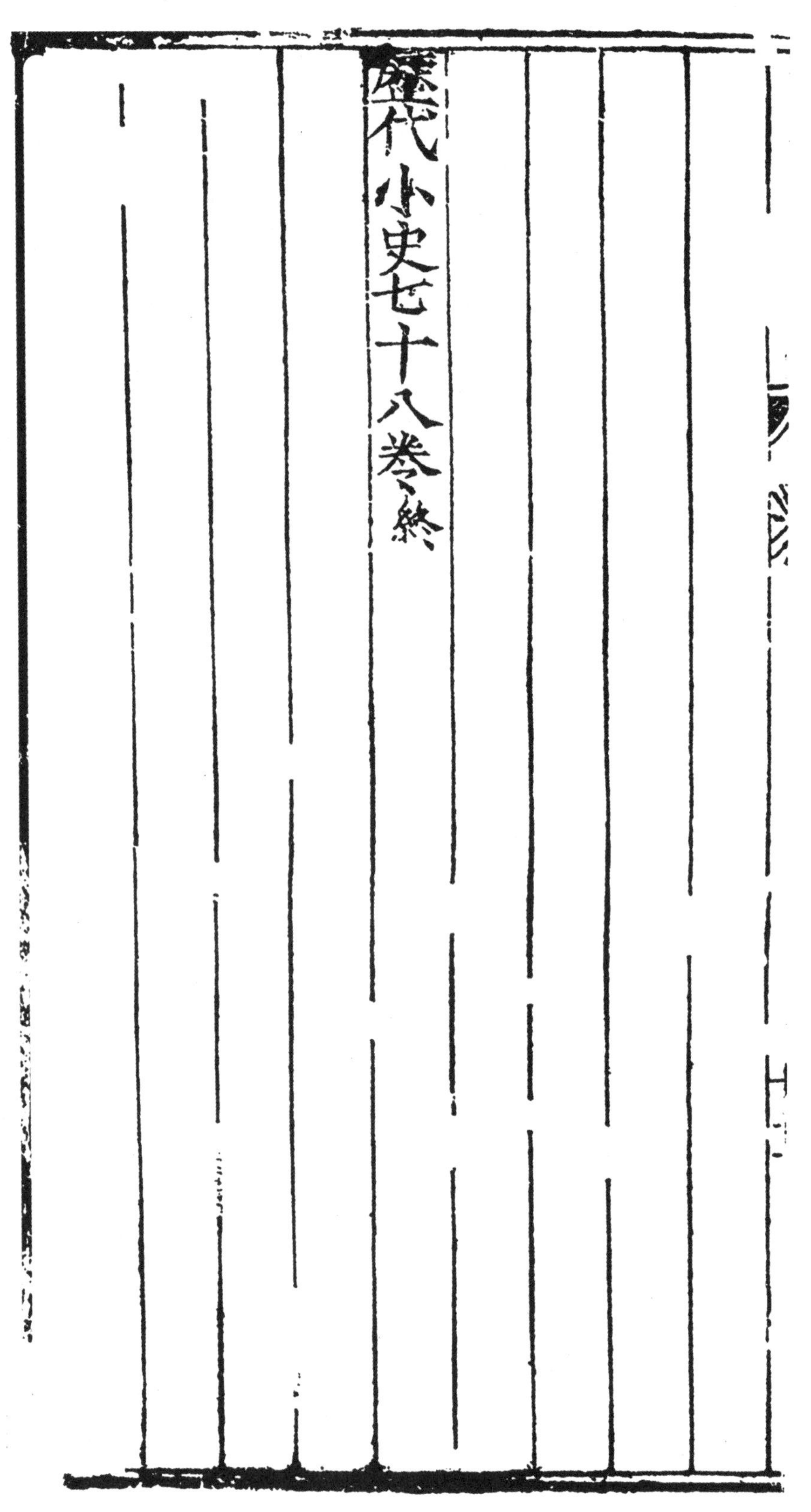

歷代小史七十八卷終